評伝

石川栄《えい》耀《よう》

〈社会に対する愛情、これを都市計画という〉

高崎哲郎 著

鹿島出版会

評伝 石川栄耀《えいよう》

〈社会に対する愛情、これを都市計画という〉

＊栄耀の読みは戸籍上は「ひであき」が正しいが、遺族や門下生などの意向を受けて「えいよう」とする。

目次

第一章
東北《みちのく》の士族の子
早春の息吹き

新しき靴のかかとの
踏み心地
かろく答えて夏となりぬ

×

リンネルのホワイト・シャツのひじをまくり
ペンを取りけり
窓のさみどり

……………学生時代の石川の詩

「我々はどこから来たのか
我々は何者か
我々はどこへ行くのか」

……………フランス人画家　ポール・ゴーギャン

フラッシュ・バック…………養子となった少年

「栄耀《えいよう》ちゃん、今日から銀次郎おじさんとあさおばさんの子になるんだよ。お父さんやお母さんと離れても、いつまでも明るい子でいてね」

実母根岸里う《り》は、養子に出る次男栄耀の両手を固く握り締めて語りかけた。里うの目尻に涙があふれていた。次男の手は寒さに冒《おか》されてあかぎれが切れていた。時折、みぞれ混じりの粉雪が舞う。

「埼玉県の大宮はここよりずっと大きな町だから楽しいことも多いと思うよ」

実父文夫が少年の顔をのぞき込むようにして話しかけた。吐く息が真っ白になって顔に降りかかる。少年を取り囲んだ実の両親と養子先の両親、それにいつも明るい兄や姉さらには幼い妹までが目に涙をたたえている。六歳の男の子は胸を締め付けられるような寂しさを感じた。

「だいじょうぶだよ。おじさんの家でも元気にしていくさ。だって僕はもう小学校に入るんだもの」

実父のお下がりのマフラーを首に巻いた少年は、目尻から頬《ほお》に流れる涙を右手の甲で拭《ぬぐ》うと笑顔をつくり、声を張り上げた。少年は実は泣きだしそうになっていたのだが、周りの雰囲気をいち早く察して明るさを装ったのである。少年のはじけるような元気のよい一言で、周りのおとなたちにも笑顔が戻った。実母は大きくうなずいたが、涙は目尻からあふれ出て止まらなかった。

栄耀少年は、右手を新しい父の手と、また左手を新しい母の手と堅く握りしめた。新しい家族は奥羽本線の天童駅に向かった。四方の山岳の山腹は、まだら模様になった根雪を純白に光らせている。最上川の支川には帆を張った輸送船や伝馬船が浮かんでいた。少年の生まれ故郷は盆地の中の雪国である山形県村山群干布村《ほしぬの》（現天童市）である。その昔、俳聖芭蕉が訪れたみちのくの小さな城下町の村にも遅い春が訪れようとしていた。

◇

石川栄耀は戦前から戦後にかけて日本の都市計画に巨大な足跡を残した先駆者《パイオニア》である。近代日本が生んだ「天才級の都市計画家」と呼ぶことに私は躊躇《ちゅうちょ》しない。彼は傑出した都市計画家であると同時に、文学者に比肩する名文家でもあり、才能に任せて生涯に一八冊もの著作を残した（没後刊行の著作を加えると二〇冊）。その中に少年少女向けの啓蒙書三冊があることに、彼のしなやかな感性を感じる。その文は常に端正かつ明快で、時には詩的・音楽的でさえある。研《と》ぎ澄まされた品位ある文体はフランスを代表する都市計画家ル・コルビュジエのそれにひけを取らない。

長髪面長の品のいい表情は詩人か画家と見まがうばかりだ。「社会に対する愛情、これを都市計画という」。彼の終生変わらぬ高邁《こうまい》な理念であった。

栄耀は明治二六年（一八九三）九月七日、山形県東村山郡干布村下萩野戸一六三番地（現山形県天童市干布（番地不明））に士族根岸文夫・里《り》う夫妻の次男として生まれた（大方の文献は、生地が山形県北村山郡尾花沢村（現同県尾花沢市）」と記されている。これは『都市に生きる―石川栄耀縦横記』（根岸情治《しょうじ》、根岸は石川が心を許した年少の従弟《いとこ》、「じょうじ」とは読まない）の年譜から直に引用したものと思われる。尾花沢市の古い戸籍に根岸家は確認できない。「根岸本」は誤記である）。

実家根岸家について、史料や言伝えをもとに推察してみる。山形・天童藩（織田家、織田信長の子孫が歴代藩主、二万石の外様小藩）の「分限帳」（万延元年＝一八六〇）などによれば、栄耀の古い姻戚に当たる根岸順助（領助との表記もある）は「御中小姓」（中級藩士）で「高六両三人扶持」と記されている（一人扶持は米一日五合、五合はほぼ一リットル）。江戸末期の天童藩は凶作が打ち続いたこともあって極度の財政難に陥り、藩士たちは貧困にあえいだ。士分をかなぐり捨てて身銭稼ぎを強要されたが、伝統工芸品として今日に継承されている将棋駒づくりは藩士の内職として始まった。

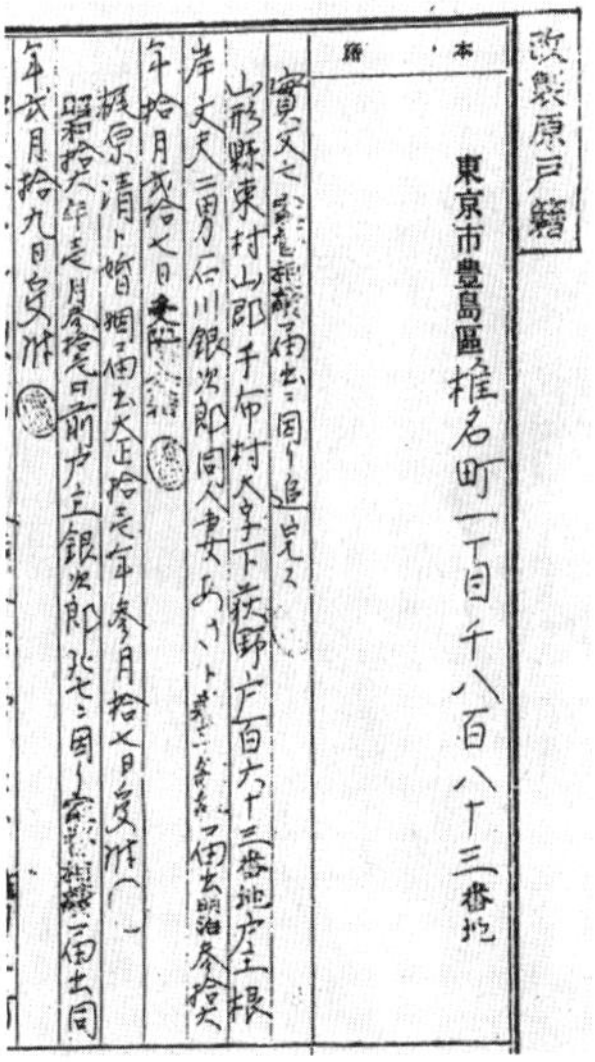
改製原戸籍
本籍 東京市豊島區椎名町一丁目千八百八十三番地

石川家戸籍（千布村が記されている）

天童の特産品である将棋駒は今日全国生産量の九〇％を占め、天童の地場産業の象徴ともなっているが、その由来は江戸末期の天童藩士の内職から始まった。天明の飢饉《ききん》以降、天童藩の財政は窮迫を極め、相次ぐ俸禄の引き割りなどが家臣の生計を圧迫して、下級藩士ほど困窮にあえいでいた。その救済策としてたてられたのが将棋の駒づくりであった。

これを指導奨励したのは藩用人役（家老に次ぐ位）であった吉田大八である。彼は米沢藩から大岡力次郎、河野道助の二人の将棋職人を招きその技術を伝授させた。

　吉田大八が将棋駒の製造を奨励することについては、世の指導者たる武士の内職として品位に欠けるとの異論はあった。だが、大八は「将棋は戦闘をかたどる勝負事で、用兵の技を練るのに好ましい遊技であり、その駒をつくることは武士の面目を傷つけるものではない」と説得して積極的に奨励した（天童市史料）。

天童織田藩陣屋跡（天童市の武家屋敷跡）

　天童織田藩の藩校養生館は幕末の文久三年（一八六三）に開校されている。東北諸藩に比べて遅い開校であるが、学問を重視する根岸家の子弟や姻戚もここで学んだ。藩校の学訓は三項目であった。

一、一日の計は鶏鳴《けいめい》に在り、鶏鳴に起きざれば一日空し。
一、一年の計は陽春に在り、陽春に耕さざれば秋実らず。
一、一期《いちご》の計は幼稚にあり、幼稚に学ばざれば老いて後悔《く》やむ。

◇

　根岸家は江戸後期に天童藩江戸上屋敷の留守居役として江戸暮らしを続け、藩邸で藩主に直接目見えすることのできる栄誉を持った。留守居役は、江戸にあって幕府役人や各藩留守居役との交流や情報収集に当たる重役で中級以上の藩士である。順助の姻戚関係にあたるのが栄耀の祖父根岸栄寿《ひでとし》（史料によっては米寿とあるが、誤記と思われる。墓碑は「栄寿」）で、才人だった彼は留守居役として、また漢学者として一家をなした。栄寿の妻はちらである。江戸藩邸上屋敷は江戸城堀端の八代洲《やよす》河岸《がし》にあった。

東北《みちのく》の出である根岸家は、江戸市中で生活する機会に恵まれたことから、東北雪国の重厚でやや粗削りな伝統文化に加えて江戸末期の洗練された芸事や文芸に親しみ習得することができた。栄耀の多才な資質を考える上で極めて重要な家系的特質である。栄寿は維新後に一時邏卒《らそつ》（警察官前身）も勤めたが、「人を捕縛するのは好めない」との理由で職を転じた。

根岸家先代の墓（東京・雑司ヶ谷霊園）

栄耀の実母里うは、紀州藩士石川国之助・ゑい夫妻の長女で、石川家は紀州藩御納戸役（経理・出納係、上級藩士）の家柄である。紀州藩士から登用されて幕府旗本になったとの言い伝えもある。根岸一家は廃藩置県に伴って江戸を離れ千布村（現天童市の郊外大字千布）の藩領地に引き揚げた。

栄耀の実父根岸文夫の経歴には不明な点が少なくないが、父栄寿の勤務地である江戸市中で生まれ、維新後は没落士族の道を歩み陸軍の職業軍人となった。士族としての矜《きょう》持《じ》は高く、その後、薩長藩閥政府に不満を抱いて三〇歳前後

石川家系図

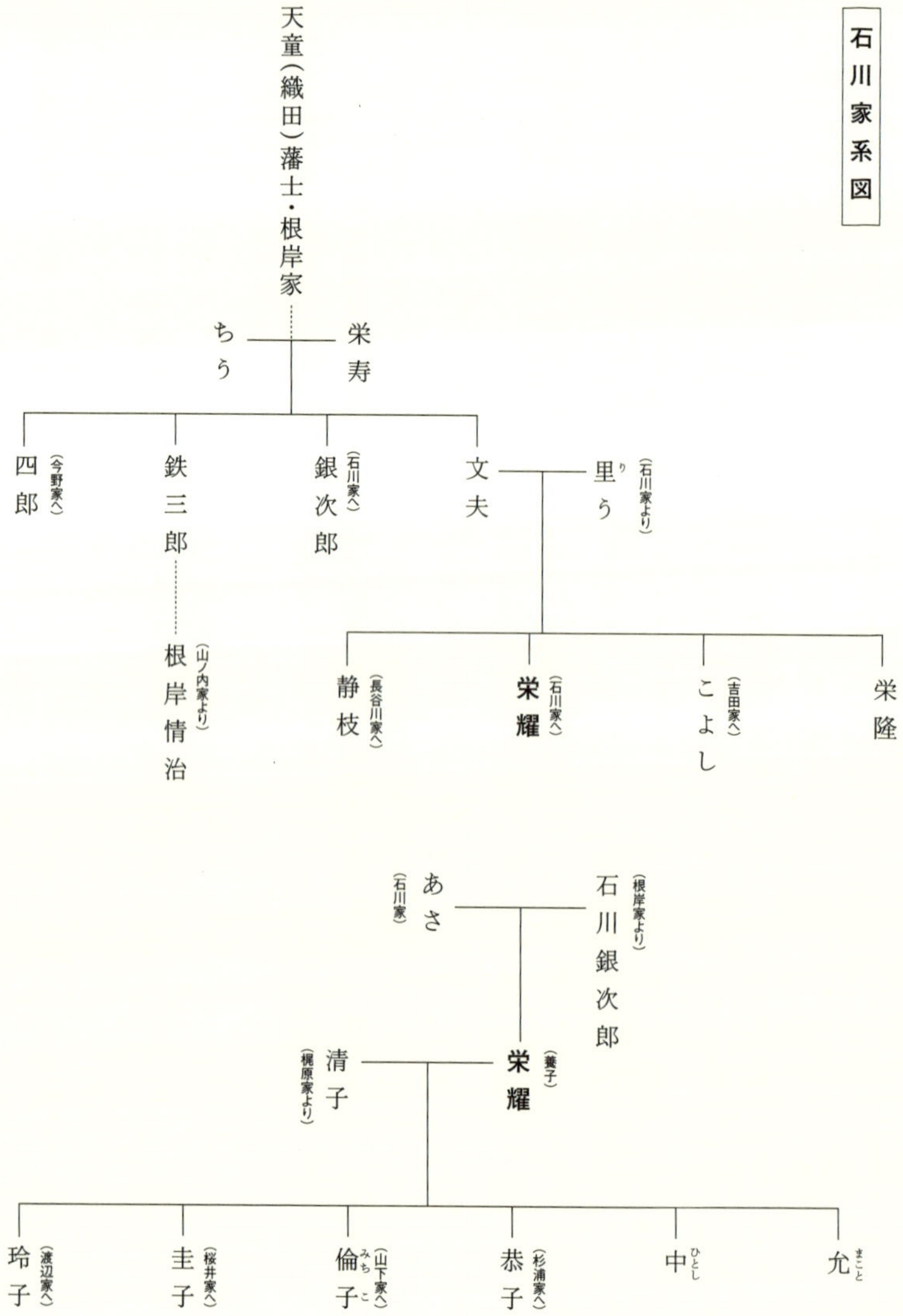

天童(織田)藩士・根岸家
栄寿
ちう
文夫
里《り》う
(石川家より)
銀次郎
(石川家へ)
鉄三郎
四郎
(今野家へ)
根岸情治
(山ノ内家より)
栄隆
こよし
(吉田家へ)
栄耀
(石川家へ)
静枝
(長谷川家へ)
石川銀次郎
(根岸家より)
あさ
(石川家)
栄耀
(養子)
清子
(梶原家より)
允《まこと》
中《ひとし》
恭子
(杉浦家へ)
倫子《みちこ》
(山下家へ)
圭子
(桜井家へ)
玲子
(渡辺家へ)

の少尉のころに退役した。

「彼（栄耀）の祖父（栄寿）は江戸藩邸詰めの織田藩（天童）の武士であったが、父親（文夫）の代に天童に帰農して細々と武士の商法を営んでいた。彼の父（文夫）は神童と言われたほど才気優れた人であって、将来どんな偉い人物になるだろうかと、町の人たちから非常に期待されていた。一時、軍人を志したが、才人の才倒れで、途中で軍籍を引きいろいろな事業に手を出し、晩年まで幸運に恵まれなかった。彼はその次男として生まれた」（『都市に生きる―石川栄耀縦横記』（根岸情治）の「養父母」）。

文夫の兄弟は皆秀才で、文夫（長男）、義父銀次郎（次男）、鉄三郎（三男）は「根岸三兄弟」と藩内外でその聡明ぶりを讃えられたという。

栄耀のただ一人の実兄、根岸流川柳家元、根岸栄隆は、明治二一年（一八八八）年三月一一日、東京・豊島区千早町生まれである（実兄は多才多芸のアウトサイダー的知識人でジャーナリスト・歴史家としても活躍する）。栄耀は兄から五年余り後に東京から遠く離れた穀倉地の旧天童藩領内で生まれている。この間に何があったのだろうか。父文夫は天童藩のツテを頼りに旧天童藩領に帰郷し、経理や漢詩文に長じる知識人として村役場か教職に働き口を求めたのではないかと推測される。文夫夫妻は二男二女に恵まれ、栄耀のすぐ上に姉こよし（のちに吉田家へ嫁ぐ。佐藤高等女学校［女子美大前身］で手芸を学んだという）、すぐ下には妹静枝（京華女学校を病気のため中退。のちに長谷川家へ嫁ぐ）がいた。

栄耀少年は小学校入学を控えた明治三三年三月、六歳（文献によっては五歳）のときに実父の次弟石川銀次郎・あさ夫妻の養子になる。義父は文久二年（一八六二）一一月一七日生まれで根岸家から石

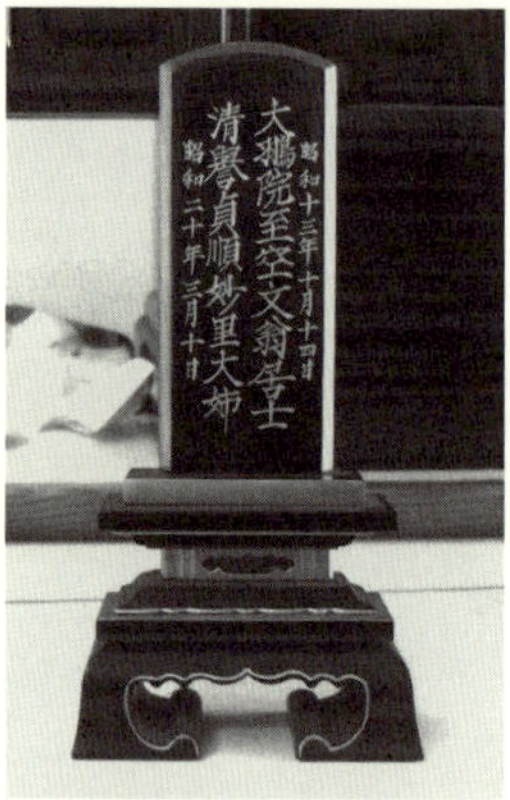

実父母の位牌（石川家蔵）

川家へ婿養子となっており、義母は明治二年一月一四日生まれで実母の二番目の妹である。栄耀には養父が叔父、養母が叔母であった。

なぜ六歳で母方の実家石川家の養子となったのか。三〇歳を過ぎた養父母夫妻に実子がいなかったことが大きな要因と考えられるが、実父の収入が限られて家計が苦しかったことも原因の一つだった。没落士族の宿命である。栄耀少年は寂しくなると「天童に帰りたい」とぐずって義理の両親を困らせることもあったという。

養母あさについて根岸情治は語る。

「彼（栄耀）の養母は小柄な、若い時は定めし美しい人であったと思われる、粋な下町風の様子があったが、知性的な方面には極めて乏しく、経済的にも放漫な性格がかなり多かったようであった。日常の経済を無視し、着物でも何でも夫に内緒で買っては、彼の養父に幾度か尻拭いをさせていた」（同前）

栄耀は養子となったことを成人後に、天才物理学者アイザック・ニュートン（一六四二-一七二七）の恵まれない生い立ちと重ねながら自らを鼓舞した。ニュートンはイギリスのリンカンシャー・ウールズソープ村で、ひ弱い早産の子として生まれた。父は既に他界していた。母は三年後に再婚し、彼は祖父母に養育された。少年時代の学業成績はかんばしくなく、一九歳のときに叔父の勧めで、ケンブリッジ大学トリニティ・カレッジに入学してからその才能が大きく開花した。

栄耀が養子になって間もなく、実父の文夫一家は東京に移転している。江戸で育った文夫夫妻には雪深い天童での田舎《いなか》暮らしに耐えられなかったようだが、収入を何に求めたかは不明である。

ここで両親と養父母の享年を記す（偶然とはいえ四人とも八〇歳で他界している）。

実父母――根岸文夫・昭和一三年一〇月一四日（八〇歳）、
　　妻里う・昭和二〇年三月一〇日（東京大空襲に被災、八〇歳）

義父母――石川銀次郎・昭和一六年一月三一日（八〇歳）、
　　妻あさ昭和二三年一〇月一四日（八〇歳）

◇

義父銀次郎は二〇歳のころ、学問を修めるため発奮して東京に出た。弁護士の書生をするなど苦学しながら、隅田川西岸の蔵前にあった東京職工学校（東京工業大学前身）を卒業した。機械科の初期卒業生である。同校は明治一四年（一八八一）に設立された。近代日本における初の工業教育専門学校として発足した。学校をまずまずの成績で卒業すると直ちに日本鉄道株式会社（旧国鉄前身、当時民間会社）に技師として就職し、兄文夫の紹介で嫂《あによめ》の妹あさと結婚した。あさが石川の養母である。

養父銀次郎は律儀な人柄で苦労人らしい忍耐強さが備わっており、利発な栄耀少年を心から可

大宮尋常小学校（明治中期）

愛がった。趣味も豊かで漢詩を愛読し詩吟を愛吟した。日本鉄道大宮工場に勤める養父の長男となった栄耀は、埼玉県大宮町（現さいたま市大宮区）立尋常高等小学校に入学し、同校卒業後、埼玉県立浦和中学（現県立浦和高校）に進学する。県内の名門校である。

中学二年生に進級して間もなく、父の盛岡工場長への栄転に伴い岩手県立盛岡中学（現県立盛岡第一高校）に転校した。栄耀は、岩手県を代表する名門中学で青春を満喫する。

石川栄耀遺稿集『余談亭らくがき』の「望郷」から引用する（原文のママ。現代語表記とする。以下同じ）。青春への輝く追憶である。

「盛岡はなつかしい。自分にとっては内丸小路時代の盛岡中学がふるさとである。

盛岡中学は今の赤十字の所にあった。白亜のガッシリした建物であった。玄関のバルコニーは啄木が『今一度倚《よ》らしめよ』と歌った美しいバルコニーであった（注――「盛岡の中学校の露台《バルコン》の欄干《てすり》に最《も》一度《いちど》我を倚《よ》らしめ」（『一握の砂』））。物理教室、化学教室あたりにも啄木の歌はあったはずである。自分は埼玉県の浦和中学から二年の初めに転校した。校庭はクローバーで真っ青であった。生徒が皆草笛を吹いていた。内丸には、サクランボウが紫に固まっていた。内丸を出で、中の橋を渡れば、中津川がせせらいでいる。河原には芝生が島をなしており、そこに牛が休んでいた。城跡の公園に登れば、岩手山は真向かいにあった。その裾野は緩やかなスロープで北上川に入った。春の楽しさは

盛岡中学（旧制）

茨島であった。安倍館のあたり、北上はS字の谿《たに》になる」

「そこで鶯《うぐいす》が鳴いている。夏は雫石川《しずくいし》でおよぐ。河原は月見草がそこここに咲いている。水の清冽さは一〇尺（約三メートル）以上もある河底が、少し青みがかっただけで手に取るように見える。もの三〇分ほど入っていると、ガタガタふるえる程寒くなる。河原でたき火をしてはまた入るのである。

秋はふたたび山麓の生活になる。滝沢あたりまで初キノコ狩りに出る。山影の野営の天幕にはシバシバ馬が顔をつっこみ脅かされた。朝になるとハルカな丘の上に数十頭の馬が、空にいないないている。桔梗の美しい流れで、朝めしをかしぐのである」

「冬は炉辺談話である。東京から帰ってきた先輩が、女子大の話などをする。（中略）冬休みをスケートで夢中になっているうちに、四月、五月となると雪解けである。道路はシルコのようにこねかえり、そりは馬車に変るが、このころから山々は紫にけむり、梅、桃、桜が一斉に花の用意にかかる。空も紫になる。その頃の教室の眠さ。啄木も寝たであろう窓から山々をながめながら、ノートの半分は落書きである。

好い都市をふるさとにもったと思っている。啄木があれほど歌った盛岡には、秋田にない、仙台にもないものがあるのだ。（然《しか》し啄木は何と歌うべき所を歌ったものだ）。（以下略）」

◇

早熟の天才歌人石川啄木と盛岡中学の文芸活動にはひとつの特徴があった。短歌の近代的革新の一方の中核となった与謝野鉄幹の東京新詩社（『明星』が機関誌）が結成された明治三二年（一八九九）は、啄木が盛岡中学二年生のときであった。近代文学が地方都市にまで読者と作者を広げ始めていた時期であった。文学に興味を持つようになった啄木は、三年のときに及川古志郎（のちに海軍の中心人物)の紹介で、二年上級にいた東京新詩社社友の金田一京助(のちに東京帝大教授・言語学者)を知り、やがて彼自身も新詩社社友となった。社友というのは、雑誌の月極め購読者で、投稿等が自由にできるのである。盛岡中学には県内から〝エリート予備軍〟の秀才が多く集まっていた。これら秀才たちの多くが、西南雄藩出身者のように藩閥に頼ることができず明治政府には受け入れられがたいと自己に言い聞かせた。この地は官途以外で自己の才能を伸ばそうとの気風が著しかった。啄木自身も回覧雑誌を出して活躍している。

『余談亭らくがき』の「どんたく亭夜話」から引用する。

「盛岡に近づき、岩手山を望む度《たび》に
汽車の窓はるかに北に
故郷の山見へくれば

襟《えり》を正すも

の思いに打たれる。その他、北上川と言い、中学校の所と言い、石狩のハマナスと言い、啄木の歌はそれらの風光を歌いつくし、その余情は我々の肌を透し骨にしみる。これはなぜであろうか。それは結局、東北人の持つ東北感と言うようなものが、啄木によって歌い切られ、今日我々にも、その『感』が脈々と残っているからであろう。

しからば東北感と言うアイマイなことばは、何を意味するのか。それは結局、山水の美しい、然し生産の乏しい盆地で、厳しい気象に練られた、さまよえる魂なのである。その為《ため》、心の中には、絶えずはでな夢と抑圧する意志が相克しあっている。

具体的には、それは東京と故郷との間を彷徨する人生を形とする。

妥協性なき為、彷徨を止む無くされる人生を――止むなからしめる。

原敬、米内《よない》光政、新渡戸《にとべ》稲造、後藤新平――みなその一連の伝承者なのである。

その人達の『詩』の歌い手が啄木なのである。従って啄木は、長く我々の代表詩人であり得るわけである」

栄耀の盛岡に対する愛着は尋常一様ではなく、戦後同市の都市計画顧問に進んで就任し、市長選挙出馬の要請もあったようだが、これは丁重に断っている。

やがて啄木作品集以上に彼の将来を決定づける名著に巡り合う。『趣味乃《の》地理　欧羅巴《ヨーロッパ》』（小田内通敏《おだうちみちとし》著）である。文学を愛する中学生は、今度は世界の地理と都市の歴史に取りつかれるのである。

第二章

「漱石」になりたかった学生

人文地理・文学・工学

つまらないから口笛を吹く
口笛のわびしきかもよ　夕辺そよかぜ
×
たった独りさ　それも本当だ
みんな一緒さ　それも本当だ
それも本当だ！

…………学生時代の石川の詩

フラッシュ・バック……………

石川栄耀と宮本武之輔

「石川君、夏目さんが昨日亡《な》くなったね」

東京帝国大学工科大学土木工学科学生石川栄耀は、北風を避けるように東京・本郷の大学正門をうつむきかげんに通り抜けようとして、すれ違いざまに角帽をかぶった学友宮本武之輔から声をかけられた。石川は立ち止まり宮本の方に顔をあげ会釈をした。二人とも三年生（最終学年）であった。

「夏目さんの他界を新聞で知ったときには、涙が止まらなかった。何とも残念でならないよ。まさに〝巨星落つ〟だね」

石川は顔をゆがめて応じた。

大正五年（一九一六）一二月九日午後六時五〇分、文豪夏目漱石は東京・早稲田の自宅で永眠した。享年四九歳。国民的作家の早すぎる死であった。漱石は死に至るまで大作を創作し続けた。

「僕は、文科の芥川君（龍之介）や久米君（正雄）などのように夏目さんの門下生ではないが、一二日の青山斎場の葬儀には出てみようと思う。君も行かないか」

宮本の誘いに石川は応じた。秀才の誉れ高い宮本は、石川にとって同級生の中で唯一人の畏友であった。同時に良きライバルでもあった。

夏目漱石（石川が心酔した文学者）

二年ほど前のことだ。大学に入学して間もなく、石川は本郷の寄席《よせ》「若竹」で偶然宮本に会った。寄席がはねた後、二人は夕食をとるため寄席近くの学生食堂に入った。石川は、宮本が第一高校に無試験入学した優等生であることは知っていたが、話し込むうちに中学生時代から漱石作品を耽読したことを知った。

「石川君。僕は中学時代文学者を目指していたのだよ。それも漱石先生の影響だね。落語が好きになったのも漱石先生の『吾輩は猫である』や『坊っちゃん』を読んでからだよ」

石川は驚いて宮本の顔を見直した。

「宮本君。僕も耽読したよ。全く同じだね。夏目さんと啄木の作品は繰り返し読んでいる。作品中の登場人物名は多分全部言えると思う。先生が到達された『則天去私』の思想についても考えている。その文学的才能は明治文学の中で突出している。日本が世界に誇り得る作家だな。僕は自分の部屋を夏目さんの『漱石山房』を真似《まね》て『阿伎《あぎ》山房』と名付けているよ」

石川は笑顔をつくってこう答え「それにしても今日の柳家小さんの噺《はなし》は上出来だったな」と話題を変えた。

「本当に大看板の円熟芸だね」

宮本はうなずいた後に言葉を継いだ。過ぎ去った思い出である。

「ところで君は卒業後どうする予定だね」

「それが困っているのだ。君たち同級生と一緒に卒業できそうもないのだ」

石川はそれ以上語らなかった。困惑した表情をつくって宮本に別れを告げ工学部のレンガ造りの建物に向かって足を運んで行った。「僕は〝都市学〟を学び、かつ確立したい」と石川は胸を張りたかったのだが……。

『趣味乃地理』（石川に影響を与えた）

◇

石川栄耀は、盛岡中学三年生のとき、将来の進路を方向づけたとも言える書物に偶然巡り合う。『趣味乃《の》地理 欧羅巴《ヨーロッパ》』（小田内通敏著）である。彼は、世界の地理と都市の歴史に取りつかれ想像力にまかせてヨーロッパの都市を夢見るようになるのである。義父銀次郎は日本鉄道盛岡工場の工場長（エンジニア最高ポスト）で家庭は比較的裕福であり、一人っ子の石川青年は図書購入費を与えられていた。彼は追想する。

『楽しい春』は、わけても上級学校（高校・大学）への入学試験未だ遠き中学三年生の時が完全である。その或《あ》る春休みのことである。私は友達と町の中心部にある本屋に行き、そこで『趣味乃地理、欧羅巴前編　小田内通敏著』という水色クロース（布地）の紙質のいい天然色版の写真の入った美しい本を見つけた。何ということなしにそれを買い、読みながら歩いて帰って来た。何と、これが『盛岡の五月』と合った事であろうか。それは人文現象と言うものに対し、とりわけ都市と言うものに対し、人生的興味を与え、読者と筆者と相たずさえて世界を放浪しようとする本である」

「その中に我々は北海の波の色を見、スイスの牧草の香りを嗅ぐことが出来る。ロンドン橋には美しいバスが織る如《ごと》くゆきかい、セイヌ河にはマロニエの花が咲き乱れている。とりわけ私はノルエーの峡湾の美しき天然写真に魂を奪われた。

この本が私に長いことノルエーへの旅をあこがれしめた。然してこの本が私に大地に対する愛を芽ぐませ、都市と言う人間現象を、生涯の興味の対象たらしめたのである（その著者小田内さんとは遂に名古屋時代にお目にかかることになり、今日まで御指導を受けている。私は今でも、盛岡中学の生活を愛惜している。そして『趣味乃地理、欧羅巴』［これはついに後編を出さなかった］を見出した事を、人として最も恵まれた機会であったと思っている」（石川著『余談亭らくがき』。執筆は晩年である。情感のこもった名文である）

同書は、英文学者坪内逍遙、国際経済学者新渡戸稲造、民俗・考古学者鳥居龍蔵という当時の代表的知識人が推薦文を書いており、格調高い名文で全文振り仮名付きである。地理・歴史・文学を融和させた学生向き「ヨーロッパ名所旧跡案内」といえる。英文もふんだんにあり、また時事問題も紹介し、地図も数多く配置した豪華版で、ごく普通の旧制中学生の学力では難解だったのではないかと推測される。それでも石川は、このエレガントな本に知的刺激を受け「私に大地に対する愛を芽ぐませ、都市と言う人間現象を、生涯の興味の対象たらしめたのである」と書くのである。

◇

小田内通敏の経歴を、地理学者飯塚浩二の追悼文（『飯塚浩二著作集 六』）から引用する。

「老いを知らないパイオニア─故小田内通敏先生の生涯─

人文地理学界の長老、小田内通敏先生（一八七五－一九五四）が交通事故で亡くなった。ついこの間、日本地理学会の機関誌に寄せられた短編が、生前公表されたものとしては最後のものになったわけだが、文章の若々しさ、思想の柔軟さ、そして問題感覚の確かさには、いささかのおとろえもみえなかった。小田内先生は、明治八年六月、秋田県に生まれ、東京高等師範学校（のちに東京教育大学を経て現筑波大学）地理歴史専修科（今日の大学院修士課程）卒業後、少壮の活動時代を私学（早稲田大学）で過ごされた。私学ということが、官学の正統派が牛耳る学界では、そのまま不遇を意味した時代に、自由な空気を慕ってわざわざこの道を選ばれた。のちに内藤湖南博士から京都大学に招く話が持ち込まれたとき、ちょうど朝鮮の臨地調査（現地調査）に打ちこみはじめて間もないときであったため、赴任を謝絶されたというエピソードがある」「老いを知らぬパイオニアというイメージのまま、忽然《こつぜん》として生涯を閉じられた小田内先生の思い出は、不朽の名著『帝都と近郊』とともに、これからも人文地理学徒にとっても、大きな励ましとして、長く敬愛されつづけるだろう」

反骨の学究小田内の頭脳は盛岡に住む聡明な中学生の人生行路にまで影響を与えたのである。

◇

石川は、明治四四年（一九一一）三月中学校を卒業し、四月仙台の第二高等学校（現東北大学）理科甲類に進む。彼は「中学時代と高校時代の成績は悪い方ではなかったが、最上の部ではなかったという」（『都市に生きる―石川栄耀縦横記』（根岸情治））。高校受験を直前に控えて、風邪《かぜ》をひいて高熱を出したため受験をあきらめかけたが、それでも受験会場に出向いて試験問題に取り組み無事合格した。彼は仙台高等工業学校（旧制、現東北大学工学部）も受験して合格している。

旧制第二高・校舎（東北大学図書館蔵）

旧制高校の入試は、理科と文科に分かれていた。それぞれに甲類（英語）、乙類（ドイツ語）、丙類（フランス語）があったが、丙類がある高校は限られていた。理科の甲類は、大学入学に際し、工学部、理学部、農学部に進む学生が多く、乙類は医学部や理学部に進む学生が多かった。彼は技術者であった養父の影響もあって大学は工学部志望だった。
「盛岡中学を出た私は仙台の第二高等学校に入った。そして宮城節をもち、松島をもつ二高生活を終えて大学に進んだ。（雲と言うものがこんな美しいものであることを覚えたのは仙台であった。白い雲が毎日のように海に向って静かに流れていた)」(石川著『余談亭らくがき』)

石川はボート漕ぎに精を出したが、野球、テニス(後年ロイヤル・テニス・クラブの会員になった)、卓球などスポーツは何でもできた。一番好きだったのが野球で、ピッチャーとしてマウンドに立つこともあった。その一方で、夏目漱石、森鴎外をはじめ内外の文学作品を読破した(彼は晩年に至るまで文学書を愛読する)。母校の校歌を高唱した。

「紫煙に託し、独行登山の快を心行くまで味わいたいと思う。此《こ》れをした際にいつも自ずと口に出るのは母校二高(旧制)の校歌である。『天《そら》は東北山高く』。それがどの位恩師の心となって激し慰めてくれるか解らない。実にこの校歌は自分達にとって永遠の『父の子守歌』である。しかもこの歌の好さは、それが先輩にして詩人なる土井晩翠《ばんすい》の作である所にある。従ってその中に流るるものに晩翠の詩の本質なる悠久へのあこがれがあるのである(晩翠の詩を悠久へのあこがれと捉《とら》えないと晩翠は分からない。この悠久こそは藤村、白秋、光太郎その他の詩人達の持ち得なかった高き感情である)。これがいつしか二高の性格になっていなかったであろうか。……」(『皇国都市の建設』の「後記」、現代語表記とした)

〈参考〉旧制二高校歌

天は東北山高く

土井晩翠作詞　楠美恩三郎作曲

♪　天は東北山高く
水清き郷七州《さとしちしゅう》の
光り教えの因《よ》るところ
庭のあしたの玲瓏《れいろう》の
露に塵なし踏みわくる
われ人生の朝ぼらけ

花より花に蜜を吸う
蜂のいそしみわが励み
不断の渇きとめがたき
知識の泉掬《く》みとらん
湧きたつ血潮青春の
力山をも抜くべきを……（以下略）　♪

◇

大正三年（一九一四）、石川は東京帝国大学工科大学土木工学科に進む。二一歳。同級生は二七人である。この中に俊才宮本武之輔（一八九二-一九四一）がいる。一年先輩に榧木寛之《かやのきひろゆき》（一八九〇-一九五六）が

宮本武之輔（畏友）

東京帝大正門（大正時代）

いた。後年都市計画家石川の良き「ライバル」となる。

「大学に入る時、実際自分は何科を選ぶべきか迷った。未だ都市計画等と言うコトバの無い時代であったし、そんな仕事のあることも知らなかった。そこで私の指向は、何となく土木、建築、庭園をさ迷った。この三者のいずれに生涯の道を見出すべきか、輾転《てんてん》反側《はんそく》する程迷いぬいた。そして結局、建築は大才を要し、且、私人の趣味の掣肘《せいちゅう》を受ける。それよりも美しい道路、美しい橋の朗らかさ、健やかさを憶《おも》い、これに決定したのである。今日、都市計画が、この三者によって構成され、土木技術が大なり小なり主導しているのを見ると——これも幸いされたと思うのである」（石川著『余談亭らくがき』）

大学の進路希望は、第一に造船学科、第二が建築学科、第三が土木工学科ではなかったかとの言い伝えも石川家にはある。

当時、工科大学には土木工学科のほかに機械工学科、造船学科、電気工学科、建築工学科、応用化学科、採鉱学科、冶金《やきん》学科、造兵学科、火薬学科の一〇学科があった。土木工学科は就職に有利とされ最難関の学科の一つだった。同学科は工科大学の中でも学生数

大学生石川栄耀（卒業アルバムより）

恩師広井勇（卒業アルバムより）

の多い学科であり、教授の陣容は、教授として広井勇《いさみ》、柴田畦《げい》作《さく》、中島鋭治、助教授には草間偉《いさむ》、永井弥太郎がいた。講師には土木行政法担当の近藤寅五郎（内務官僚）、衛生工学担当の直木倫太郎がいた。土木工学第三講座（橋梁工学）担当の広井勇が主任教授であった。

石川の大学入学を待っていたように、養父銀次郎が五五歳で日本鉄道盛岡工場長を退職し、多額の退職金を元に東京・目白に比較的広い土地を購入し、ここに自宅を建てることになった。養父は三等郵便局（特定郵便局の旧称）局長を務めたりして余生を送った。石川はこの自宅から大学に通う。

石川は広井が講義の冒頭で語ったことばを忘れなかった。

「現代の科学技術が、一七世紀以降急速に発展した数学と力学を有力な基盤としていることは論をまたない。ガリレイ（G.Galilei, 1564-1642）の実証的力学の研究、デカルト（R.Descartes, 1596-1650）の解析幾何学への貢献、パスカル（B.Pascal, 1623-1662）の数学的帰納法、ニュートン（I.Newton, 1642-1727）及びライプニッツ（G.W.Leibnitz, 1646-1716）の力学や微積分をはじめ、一七世紀に開花した科学は一八世紀以降において応用部門としての技術発展への洋々たる大道を拓いた。学生時代にこれら先達の古典を可能な限り読んで欲しい」

大学生石川栄耀を語るとき、漱石作品の耽読とともに、いやそれ以上に落語への傾倒を忘れることはできない。当時の東京には数多くの寄席があり、彼は暇を見つけては、人形町の末広、立花、四谷の喜よし、本郷の若竹、京橋の日本橋クラブ、神楽坂の演芸館などに足しげく通った。落語への並々ならぬ傾倒は彼のユーモアのセンスと庶民を愛する精神を培養する。同時に巧みな話術の源泉となった。彼は古典落語を愛し、名人芸に達していない即興的笑いだけの通俗な噺《はなし》や下品な話芸を嫌った。クラシック音楽にも傾倒し、ギター、マンドリン、バイオリンの演奏にも挑戦し、絵画の筆もとった。「青ざめたガリ勉インテリ」からほど遠い。

◇

読書の範囲は幅広い。今日日記や論文などで確認できる限りでも、トルストイ、チェホフ、ドストエフスキー、ストリンドベルグ、イプセン、ビヨルンソン、ホーソン、ポーなどの外国作家をはじめ日本文学の作品集を読み漁った。外国文学は英訳本で読んでいる。自宅のある目白在住の文学青年たちを集めて同人雑誌「晩餐《ばんさん》」を刊行し編集長をつとめた。自らも詩、短歌、エッセイを投稿した。作品の一部を紹介する。

昼の月、汽車の窓より仰ぎ見る
母なる人に会える心ぞ

どくだみは、まこと我等が生にして
ただいたづらに白く咲きける

ふみ切りの、白き旗こそやさしけれ
夏の夕暮れ旅より帰る

桐の花、まことほのかに紫に
五月《さつき》の風のよろこびに似て

少年の涙あふるる瞳かも
五月の朝の雨のガラス戸

新しき靴のかかとの踏みごこち
かろく答えて夏とはなりぬ

静かなる雨の心ぞほうせんの
薄桃色に咲けるこころぞ

かかる性《さが》、持ちて生れて秋風の
巷《ちまた》に立って眼《まなこ》とじなむ

会いあいて、その始めの言葉より
心と心、静かに抱きぬ

わびしい灯《あかり》、背に受けて
静かに歩む天と虫（原文ママ、テントウムシのこと）
何がのぞみではっている
友達もなく親もなく
静かに歩む天と虫
淋しくないか、そうやって

×

淋しい風は　樹の枝に
わしの心は風の上
生きていたとてせんなけれ

死んでみたとて同じこと
何とせよとの春の風

×

春の夕をただ独り
蘭のかたえに生きてあり
うれしからずや　われ独り
蘭のかたえに生きてあり

×

畑の上のやわらかさ
思うことなく歩みゆく
静かなこころに仰ぐかも
まひるの淋しくかかる月

×

薄桃色のスカートを
伊達につまんだヒヤシンス
若いジョウカのいたずらも
何の苦労になりましょう

銀のポルカのひとまわり
銀のポルカのひとまわり

×

うすぎたない俺
こじきのような俺
血まみれな俺
広広《ひろびろ》女のような俺
その俺のかたわらに
静かに本当の俺が
沈痛な面持ちで
立っているような気がしてならない
遠い瞳で、かすかに首を振りながら

彼が耽読した日本の詩人は北原白秋であり、のちに萩原朔太郎であった。イギリス・フランス・ドイツの詩は原文で読んだ。多芸・多才な資質に加えて美意識としなやかな表現力は都市計画家の石川の生涯を考えるとき極めて重要な要素である。そのしなやかさは優雅な舞踏曲であるメヌエットを連想させる。

大正デモクラシーの時代であり、大学生たちはしばらくの間戦争の恐怖を忘れることができた。
石川は一年留年して大正七年（一九一八）七月に卒業した。留年は、三年生の橋梁工学実習（場所不明）にのめり込み帰京が遅れて、広井教授への卒論提出が間に合わなかったためとされる。この一年間の留年生活は、石川には決して無駄な時間ではなかった。むしろ都市計画を目指す青年には、貴重な時間だった。彼は建築科や造園科など、専門外だが都市計画には不可欠な講義を進んで聴いた。時には文学部の教室まで足を伸ばして英文学やフランス文学の講義も受講したようである。内外の文学書・哲学書・歴史書を乱読し、二〇世紀初頭の思想を存分に吸収し、一方で寄席通いも続けた。

◇

卒業を前に従弟の根岸情治らと房総半島に旅に出た。

「私（根岸）が中学の五年くらいの時だった。多分彼（石川）は大学を卒業する頃であったと思うが、守山という親戚の男（この男も中学の五年くらいだった）と一緒に、千葉の房総半島を横断してみようということになった。その頃はまだ東京からの汽車は内海に面しては木更津までであって、木更津から徒歩で館山に出て、そこから半島を横断し、鴨川から勝浦まで、約四、五日の計画であった。（中略）

二日目の朝早く、宿で握り飯を作ってもらって、海に沿ったほこりっぽい街道を、鋸山から保田《ほた》に向ってテクテク歩き出した。リュックサックのようなものはまだ無かったので、三人は通学用のズックのカバンに食糧や何やら詰め込んで、これを肩からはすかいに後ろの方にかけ、長い金剛杖をついて、「元気いっぱい出発した」（『都市に生きる—石川栄耀縦横記』（根岸情治））

房総半島の旅を選んだのは、敬愛する夏目漱石が学生時代に夏休みを利用して同地に旅行し漢文の旅行記（『木屑録《もくせつろく》』）を記したと聞かされたからであった。石川も漢文旅行記に挑戦してみたが、完成しなかった。

◇

いつも青年石川の側にいた年若い従弟《いとこ》の根岸情治は、石川をどう見ていたのだろうか。

「〈彼（石川栄耀）の性格〉

彼の少年期及び青年期を通じて感じられる事は、彼が誠に純情な、物事に感じ易い、気の弱い、淋しがりやの男であったと言うことである。明るい、人なつこい、ややもすると人を人とも思わないような態度が、彼の本質として一般に喧伝されているが、これは彼の後天的に育てられた抵抗的精神の現れであって、彼の生涯を通じ、最後まで決して本質的な内容ではなかった。ユーモアを理解した事と、芸術的雰囲気を愛した事と、直観的な詩人気質を持っていたことが、本質的な彼の性格を心の片隅に追いやっていたのであるが、一枚皮をはげば、彼は本質と闘いながら、ついに、あえなくも闘い破れたものと、私は信じるのである。

×

神を信じ、神に頼れなかった男

芸術を愛し、芸術に没頭出来なかった男
学問にあこがれ、学問に殉職できなかった男
俗世間を軽蔑し、而《しか》も、俗世間を無視出来なかった男
ここにまた、彼の精神的な悩みもあった」(『余談亭らくがき』の根岸情治「石川栄耀の断面」)

大正七年の土木工学科卒業生は三九人と例年より一〇人ほど多い。石川のような「留年組」が多かったせいではないかと思われる。卒業成績は一番が青木楠男、二番が山下輝夫(のちに石川と姻戚となる)、三番が江崎義人で、石川栄耀は不明であるが、「上位だったとは聞いていない」とは石川家関係者の証言である。石川と同期に卒業した終生の友青木楠男《くすお》(一八九三―一九八七、橋梁工学者)はエッセイ集『私のページ』の「七年会」で追想する。

「七年会(同期会)は大正七年七月九日、東京帝大土木工学科の卒業の日に発足した。卒業式には大正天皇陛下の御臨席を仰いだ。まことによき時代に学士様になったものである。卒業式への陛下のお出ましは我々の時が最後であった。『学士様なら娘をやろか』という本が洛陽の紙価を高からしめて(注――ベストセラーになって)おった頃のことである」

青木は内務省(国土交通省前身)土木研究所研究員を経て早稲田大学工学部教授となる。石川の無二の親友である。

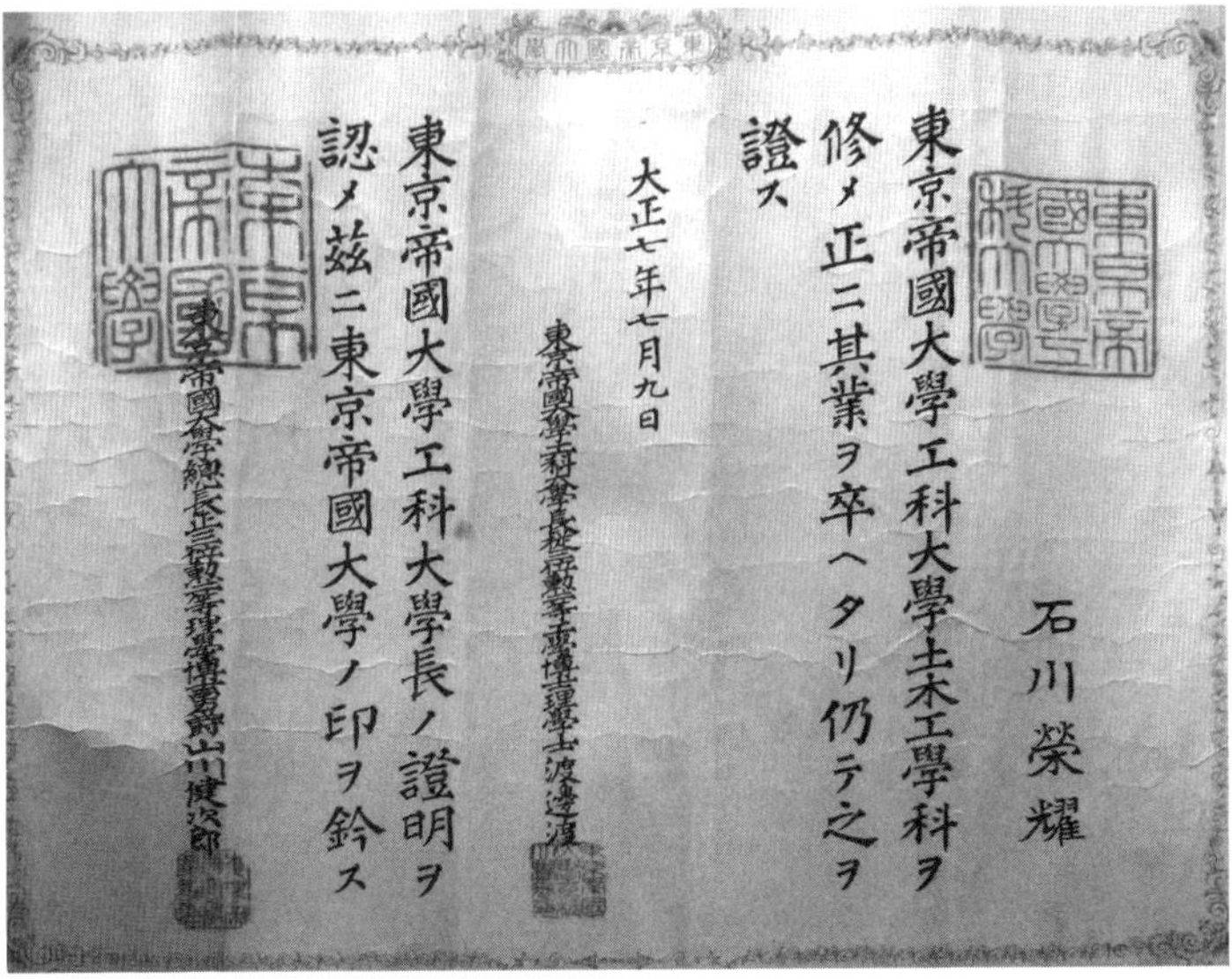
石川榮耀

東京帝國大學工科大學土木工學科ヲ修メ正ニ其業ヲ卒ヘタリ仍テ之ヲ證ス

大正七年七月九日

東京帝國大學工科大學長従三位勲二等工學博士理學士渡邊渡

東京帝國大學工科大學長ノ證明ヲ認メ茲ニ東京帝國大學ノ印ヲ鈐ス

東京帝國大學總長正三位勲二等理學博士男爵山川健次郎

東京帝大卒業証書（石川家提供）。総長山川健次郎は後に姻戚となる。

第三章

都市計画のドラマトルギー

名古屋時代——結婚と外遊①

良い作物は何にもせよ「無限」と
云う感じを与える
殊《こと》に彫刻に於いてそうだ

×

思い出は美しい　無条件に美しい
が「我れ」の入った気取った過去は
又なく醜である
これは　本当に不思議なことだ

…………石川作の詩

フラッシュ・バック……都市計画家アンウィン――衝撃の論評

古都ロンドンの秋は深まった。黒い筋のはいった灰色の雲が低く垂れこめ、北風が枯れ葉を巻き上げている。石川は著名な都市計画家レイモンド・アンウィン（Raymond Unwin, 1863-1940）に面会した。六〇歳のアンウィンはイギリス政府の都市計画技監に就任していた。アンウィンは石川がデザインした名古屋市の都市計画図を見ると表情をゆがめ、目の前の石川を見つめた。石川は追想する。

「私はたまたまアンウィン博士の門を叩いた。そして名古屋の都市計画の高評を仰いだ。そのときの博士の言が今更に沁《し》み渡るように思い出される。

『私に忌憚《きたん》なく言わせるならば、あなた方の計画は人生（Life）を欠いている。私の察しただけでは、この計画は産業を主体に置いている。いや、主体どころではない。産業そのものだ。なるほどカマドの下の火が一家の生命の出発点であるように、産業は立都の根本問題であろう。それに対して何も言わない。しかし、例えてみても一家においてもカマドの火は高々一時間で消される。そしてそれから後は愉快な茶の間の時間が始まるはずだ。

世界的都市計画家レイモンド・アンウィン（ロンドン大学図書館蔵）

産業は人間生活のカマドでしかない。むずかしく言えばそれは文化生活の基礎である。軽く言えば文化の召使《サーバント》である。あなた方はサーバントに客間と茶室を与えようとしている」

「御覧なさい。この築港付近を。この辺は上手な庭園家によって、どんなに美しい遊び場にされることが出来ましょう。山の公園に対して海の公園と言うものがどんなに明るく親しく、また愉快な生きがいのある遊び場であるかと言うことは、あなた方は未だに気がつかないと見える。そうして、そういう無邪気な明るい遊びこそ人生の大きな部分だ。君も欧米の諸都市を巡《めぐ》られたそうな。およそ海港・河港で、何等か遊園設備のためにその大きな部分を割いている所をあげて数うべからずであろう。私の理想では海岸の三分の二は、この遊園施設に与えたいと思っているくらいである。残念なことに、この計画ではこの付近ベタ塗りに工場色で覆われている。深く考えるべきことと思う』

こうした若い柔らかい意見が聞けたことが何よりも嬉しかった。文句なしに頭が下がった。事のできるできないは別として、私は日本の先輩からこうした語が出る時を待ちたい」（『都市創作』）。

アンウィン博士の衝撃の酷評は石川を奮い立たせた。

◇

大正七年（一九一八）七月、石川栄耀は東京帝大土木工学科を卒業し、同月一〇日に東京・有楽町にあったアメリカ系貿易会社建設部に設計技師として入社する。二五歳。同社には一年半ほど勤務した。東京帝大は「高等官吏養成校」でもあり、同大土木工学科の卒業生は、内務省土木局、鉄道省または地方自治体の技師に職を求めるのが大半で、大手建設会社に入社する者は限られていた。石川がなぜアメリカ系貿易会社という異例とも言える珍しい職に就いたのかは、本人や周辺の人も語っておらず不明である。同社では「鉄筋の計算だけをする仕事であった」（石川著『私の都市計画史』）。アメリカ行きを夢みたのかもしれない。大正九年三月同社を辞した。彼は主任教授広井勇の紹介もあって、横河橋梁製作所（現横河ブリッジ、明治四〇年［一九〇七］創業）に入社し深川工場の技術者となったが、半年で退職した。政府の都市計画技師に転出するためである。

「〈理想家〉

石川からは、大学在学中から都市計画という言葉をたびたび聞かされ、都市の改造とか、都市創造とかいうことをしきりに話していた。当時、英国のハワードという学者が、田園都市建設の運動を起し、都市生活の在り方について実証的な究明を行っていたが、これはある一定の区域内に一定の所要人口を定め、生産と消費との生活を合理的に結び付けようとする、一種の友愛精神に基づいた理想都市計画であった。彼の夢が、或いはまた彼の人生哲学が、この人間愛情を基礎とした都市計画の学問に向って発展したことは、容易にうなずかれるものがある。大学の土木工学科を卒業すると、彼は一時わずかな期間、ある貿易公社の建設部に勤務したが、念願がかなって、内務省技師として都市計画の実務を担当することになった。

偶々《たまたま》、日本政府の都市計画の制度は、内務省内に中央委員会を置き、各府県に地方委員会を設けて、専《もっぱ》ら都市計画に関する各般の調査研究をしようとする段階にあって、内務省から事務官や技師等が地方に派遣されていた。彼は内務省技師に任命されると同時に、愛知県に派遣され、名古屋市に赴任することとなった」（『都市に生きる―石川栄耀縦横記』（根岸情治））

前年八年四月、都市計画法が公布された。都市の交通・衛生・保安・経済に関する恒久的重要施設、地域地区制度及び土地区画整理の計画に関する規定が定められ、市区改正条例による計画は本法の計画として継承された。同年一一月都市計画委員会官制が勅令をもって公布された。石川が待ち望んでいた公布であった。翌九年一月一日、これが施行となり、愛知県にも都市計画地方委員会が設置された（当初六大都市を抱える府や県では都市の名を冠して、例えば都市計画名古屋地方委員会のように呼ばれた。大正一一年五月の官制の一部改正により都市計画愛知地方委員会と県名で表すように改称された）。

「大学同級生の今の早大の青木（楠男）教授が『お前は結局都市計画だよ』と云って、丁度その年に発足した都市計画委員会に履歴書を出してくれた。それは確か、当時の内務省都市計画課の土木主任の山田博愛《ひろよし》（明治三八年東京帝大土木工学科卒）と相談の上であったと記憶する」（石川著『私の都市計画史』）

「それが採用と決まった時、私の勤めていた横河の深川工場の江橋工場長は餞別にお金はくれず、その時丸善にあった都市計画の本（洋書）を全部買って贈って下さった。（中略）それが私の新しき出発にどの位役立ったか解らなかった。今でもあの心意気の利《き》いたプレゼントは無かったと感謝している」（同前）

よき上司を持ったものである。

「その時内務省の山田（博愛）さんの手元に提出された履歴書は、榧木寛之《かやのき》（東大土木学科大正五年卒）君と私の二人であったように思う。榧木君は八幡製鉄所におり、こちら（東京）へ帰るのであった。私も東京を希望したが、結局私は名古屋に行くことになった。名古屋行きと聞いて私は少なからず落胆したのであったが、今にして思えば、名古屋の都市としての最上昇期であり、また名古屋市民の闊達《かったつ》性は我々に何でもさせてくれたので、これほど好い研究室はなかったわけである。人間万事塞翁が馬というが、人生のこと余り細工すべきではない」（『私の都市計画史』）

榧木は終生石川の良きライバルであった。榧木の方が先輩にもかかわらず「君」呼びしているところにもその間の事情がうかがえようか。

「とまれ、この時から私の名前の上に都市計画地方委員技師と云う長い名前が約二〇年間癒着するのであるが、この長い肩書のためにどのくらい私は余計な苦労をしたか解らない」（同前）。

石川の先輩都市計画家・山田博愛（土木学会図書館蔵）

◇

石川は日本都市計画専任第一号の栄《は》えある辞令をもらったのである。一期生は榧木や武居高四郎《たけいたかしろう》（のちに京都帝大教授）ら六人で六大都市に一人ずつ割り振られた。彼は九年一〇月一九日、内務省都市計画地方委員技師として名古屋地方委員会に赴任するのである。

父銀次郎にこしらえてもらった三越製のフロックコートを

名古屋赴任当時の石川
（石川家提供）

着て、生まれて初めて東海道線の寝台車に乗り名古屋に赴任した。漱石の『坊っちゃん』をポケットに入れていた。坊っちゃんに「都落ちする」自己の姿を映《うつ》して見たのだろう（名古屋に向かう前日、雑司ヶ谷の夏目漱石の墓に出向いた。悩みごとをかかえるたびに彼は漱石の墓を訪ねたのだった）。委員会の「最末席の椅子を貰《もら》った」（同前）のである。

◇

名古屋では、明治一一年（一八七八）郡区町村編成法に基づき区役所が設置されたのち、吉田禄在《ろくざい》区長の時代に幹線街路や運河開削の計画が立てられた。中部地方の中核都市でも都市基盤整備の動きが高まった。大正六年（一九一七）都市改良調査会が設置されたが、翌年には東京市区改正条例・東京市区改正土地建物処分規則の拡大適用が実施され、これに基づいて名古屋市区改正委員会が設置された。

一方、市の周辺部では、明治末期の土地投機熱に刺激されて、大規模な耕地整理組合の設立が企画されていた。そして大正元年（一九一二）、市の東北部に城東耕地整理組合、南東部に東郊耕地整理組合が設立される。これらの組合が企図する事業は純然たる耕地整理事業ではなく、名古屋市の市街地拡大《スプロール》に備えた基盤整備であった。大正一三年（一九二四）までに設立された耕地整理組合は二〇で、これらの組合はいずれも規模が大きく、その施工区域は八九一万余坪（一坪は三・三平方メートル）に達した（『名古屋市史』）。

都市計画法施行後は、県市とも組合による土地区画整理事業を積極的に認める方針をとったことから、大正・昭和を通じて多くの区画整理組合が設立された。

◇

大正七年八月三日、富山県魚津町の漁村で始まった米騒動は、九日には名古屋市にも波及し、以後、豊橋市、東春日井郡瀬戸町、中島郡一宮町、丹羽郡岩倉町、岡崎市（いずれも当時）など、約半月間県内各地で騒乱が続いた。県内各地で米商店などへの襲撃や焼き打ちが繰り返された。軍隊もたびたび出動した。主な参加者は労働者で、これに農民なども加わった。米価の異常な高騰を前にして、有効な対策を講じない政府や地方の行政当局に対し、民衆は怒りを爆発させた。空前の大暴動となった。

暴動に際して、地元紙『新愛知』は「陛下の軍隊を国民の食糧運動、飢えに関する問題解決のために用うる」ことは断じて賛成できない、と出動を批判した。寺内正毅《まさたけ》内閣が米騒動の記事掲載を禁じると、「新聞紙の兵糧攻め、起てよ全国の新聞紙」と同業者に倒閣を訴えた。同じ地元紙『名古屋』（主筆小林橘川《きっせん》（のちに名古屋市長））もこれに応じ、八月二〇日には名古屋で東海記者大会が開かれ、『新愛知』主筆・桐生悠々《ゆうゆう》が座長をつとめた。言論の自由を守り、寺内内閣を弾劾する決議文を採択した。

この時期、愛知県内のジャーナリズムは、ペンの力によって民主主義・社会改良などの理想を実現しようとし、大正デモクラシーを推進する役割を果たした。桐生悠々、小林橘川らの新聞人を擁して、もっとも輝く一時代を築いたのである。これは大正時代が終わるまで続いた。

◇

一時は、名古屋行きを「都落ち」に思い落胆した石川であったが、「名古屋市民の闊達性《かったつせい》は我々に何でもさせてくれたので、これほど好い研究室はなかった」と後年回顧する。

『都市に生きる―石川栄耀縦横記』（根岸情治）より引用する。

「夢に燃えた理想家肌の彼（石川）が、十数年に亘る名古屋市の生活は、まさに彼にとって人生の試金石となり、彼の人となりを創る重要な要素ともなった。幸いにして、彼の上役に黒谷《くろたに》了太郎（一八七四‐一九四五）という、彼に拍車をかけたような理想家がいたため、彼は黒谷氏から非常な愛顧を受け、役人としての滑り出しはまことに上々吉であった。

黒谷氏は、東北の鶴岡市生まれで（のちに鶴岡市長になった）早稲田大学の前身である東京法律学校を卒業し、下村海南先生と共に台湾に渡って、台湾の都市行政を担当し、内地に戻ってから都市計画地方委員会幹事として愛知県に派遣され、主に名古屋市の都市計画の立案に従事した」

「氏は長身痩躯の英国型紳士のタイプを持ち（若い時分にイギリスに留学した関係もあったと思う）行政官というより、むしろ学者肌の人柄であって、顔の色は台湾色に黒光りに光り、たえず煙草を口から離さずに、口癖のようにフーフー息を吐きながら、原稿を書いたり事務をとったりしていた。仕事に夢中になって、火のついた煙草を机の片隅に置きっぱなしにして、机の隅をいつも真黒に焦がしていた。砂糖の入らないウーロン茶と幾切れかのパンを齧《かじ》り齧り、青年のような情熱をもって語る黒谷氏と彼（石川）の姿に、私はほとほと感嘆したものである。氏がその時の構想から『山林都市』の著作を著したのは、それから間もないことであった」

「彼（石川）は当時まだ三〇歳を超すか超さないかの年配であった。新たに名古屋市に編入された御器所《ごきそ》町という、まだ農村じみた郊外の素人家の二階を借りて下宿していた。

八畳二間を借り受け『どうだ、豪勢なものだろう』とよく自慢していたが、自慢に相当するものは寒々とした二間続きの広い部屋だけであって寝床はいつも敷きっぱなしになっており、戸棚や床の間には牛肉や果物の空き缶がゴロゴロ転がり、乱雑そのものの室であった。それでも二階の手すりには二つ、三つの草花の鉢が置いてあったが、これは、その家の主人の心づくしであったかも知れない。大学を出て、県庁に勤めている内務省の若い技師である彼が、村における最高の知識人として尊敬されていたことは言うまでもない。

彼が結婚して名古屋に家を持ったのは、名古屋赴任後二年くらいのちのことであったと思う」

同僚のうち、土木技師はのちに三重県に移り巨大工業都市化する四日市の都市計画にかかわり、建設技術者の地位向上運動から発足する全日本建設技術協会（全建）の初代運営委員長を務め、戦後は日本共産党に入党し参議院議員（全国区）になる兼岩傳一、富山県に移り富山市の富岩運河整備と廃川地の埋め立てと区画整理、街路整備をセットで行う独自の都市計画を立案する赤司貫一、造園技師には狩野力、井本政信、石神甲子朗らがいた。

高等官は県庁では「貴族」であり、使用するトイレも別のものであることに石川は驚きかつ不審

結婚式（石川家提供）

に思った。結婚一カ月前の大正一一年（一九二二）二月、彼は同僚の永田実と中国大陸に出張した。大連などの都会の都市計画を調査した。

結婚式は同年三月一〇日、東京・築地の水交社《すいこうしゃ》で行われた。新郎二九歳、新婦二〇歳。新妻清子は、梶原家の長女で、明治三五年一二月二四日生まれ。父梶原景清は海軍軍医であり、退官後は佐世保で開業し、その後東京・四谷に移って開業した。梶原家は、鎌倉期の武将梶原景時の末裔とされ、また会津藩家老山川家の血筋でもある。山川家は健次郎、浩、捨松など明治期の傑出した学者や文化人を輩出している。栄耀の義母石川あさと清子の母梶原ぬいは、またいとこで、石川栄耀と清子は子供のころから交流があった。清子は「あきちゃん」と石川を呼んでいた。梶原家は四谷に医院（産婦人科医）を開いていた。石川家は目白に自宅があった。

水交社は海軍省の外郭団体として創設された日本海軍将校の親睦・研究団体である。名称の由来は『荘子』の「君子之交淡若水」による。式場に選ばれた水交社会館は、海軍士官専用であり、清子の父が海軍軍医であったことから使用できたのである（施設利用は海軍士官・高等文官・士官候補生などの海軍幹部関係者に限定されていた）。

長男允《まこと》（のちに建設省審議官、長岡科学技術大学副学長）が大正一二年一月二二日に生まれ、二男中《ひとし》（のちに東大医学部教授、心療内科医）が同一四年八月五日に生まれた。

◇

大正一二年（一九二三）九月一日午前一一時五八分、大激震（マグニチュード七・九）が関東地方南部を襲った。大地震とその後の大火災は、死者行方不明者一〇万四〇〇〇人余り、重軽傷者五万二〇〇〇人余り、罹災世帯六九万四〇〇〇棟の「生き地獄」の大惨事をもたらした。犠牲者数は日清・日露両戦争の戦死者の合計に匹敵し、損害額は同じ両戦争の戦費の数倍に達したのである。その破壊と損害は、東京・横浜が最もひどかった。大震災直後には、自警団などによる朝鮮人や中国人への虐殺という蛮行がくり返された。

石川は従弟の根岸情治や知人の新聞記者（中日新聞記者かと思われる）らを誘って東京の惨状視察に出かけた。目白に住む養父母や四谷に住む妻清子の両親の安否確認を兼ねたものであった。被災

関東大震災での出張（中央：石川、左：根岸情治、石川家提供）

地へ足を踏み入れることは国家公務員といえども厳しく禁じられていたが、彼は新聞記者から取材用の腕章を譲り受けて被災地に入ったのである。養父母と妻の両親の無事が確認できたことから、栄耀は都市計画家として可能な限り被災地を見て回った。どこでも瓦礫《がれき》が山をなし異臭が立ち込める惨状であった。黒こげの遺体を見ることも珍しくなかった。

洋行中の石川（欧米視察時の船上で、石川家提供））

名古屋時代の石川が終生に残る決定的影響を受けたのは一年間の欧米出張だった。大正一二年八月に彼は神戸港から外遊に旅立った。訪問先は、イギリス、フランス、イタリア、スペイン、ベルギー、オランダ、オーストリア、ノルウェーなど北欧三国、それにアメリカである。時間を惜しむように精力的に各国の都市や田園地方を視察して回り資料収集をする健脚ぶりには驚嘆のほかはない。「足で徹底的に調べる」（石川）のである。

石川と同じ一二年に、都市計画調査のため欧米出張をした飯沼一省《かずみ》（内務省都市計画局事務官僚、会津藩重臣の末裔で石川家と姻戚）は、前年に都市計画東京地方委員会幹事に任命されていて、出張・滞在費八〇〇〇円（今日の一〇〇〇万円程度）は東京府の支出であった。三〇歳そこそこで「旅費の続くまで見てこい」と上司に命じられた飯沼は幸せであり責任も重大である。栄耀も三〇歳であり、支給された経費は同等の扱いであったと考えられる。イギリスでは上司黒谷から先駆的業績を知らされていたレイモンド・アンウィンに面会する機会も得た。

「私に忌憚《きたん》なく言わせるならば、あなた方の計画は人生（Life、生命感）を欠いている」「君の計画には生活もない。水際は市民生活の基礎的な場である」「川から街を御覧なさい」

イギリス政府都市計画技監（技術者最高ポスト）アンウィンは、石川が作成した名古屋の都市計画図（中川運河沿いの工業開発構想）を見て顔をゆがめ酷評した。

「イギリス都市計画の父」アンウィンの一撃は、石川の使命感を激しく掻き立てた。都市計画は快適な居住環境の形成を目的とするものでなければならない。都市は住み続けることのできる（リバブル）空間でなければならない。工業開発に重きを置く日本の都市計画とは大きく違った〝生命重視〟の新鮮な発想であった。アンウィンに触発された石川の近代都市計画思想は、帰国後区画整理事業として名古屋や東京の郊外住宅に実現することになる。

〈参考〉

「近代日本の都市計画の歩み」を伝記『飯沼一省』（非売品）から引用する。飯沼一省は戦前の内務省を代表する事務系都市計画の第一人者であり、優れた見識を持っていたことで知られる。

「明治新政府の基盤がようやく固まり、民心が安定に帰すると、帝都東京のあり方が次第に議論されるようになり、また、市区改正を急務とする要因が東京の住民には最も多くあったことは歴史が証明している。明治五年（一八七二）二月、東京和田倉門内元会津藩屋敷から出火し、銀座一帯から築地まで焼き払った大火を契機として、府下に防火建築令を発した東京府知事由利公正《ゆりきみまさ》が、市区改正の議を政府に要請したのが、近代における都市の計画的建設行政の始動とする。この大火により、銀座煉瓦街が誕生し、東京にとっては最初の市街地改造事業が完成したのは、明治六年から一〇年頃にかけてのことであった。

明治一五年七月、内務少輔吉川顕正が東京府知事を兼ねると、市区改正を最重要施策に取り上げ、一七年一一月には市区改正原案（府案）を内務卿山県有朋に建議した。これは、明治初期における都市計画理念として極めて大きな権威をもつもので、道路・河川・橋梁等の具体的設計（実施案）を内容としたものであった。

山県内務卿はこの案を三條太政大臣に進達し、同年一二月一七日、政府の決定を見て、東京市区改正審査会が内務省に設けられた。審査会は公園・市場・屠場・劇場・商法会議所・公共取引所などの設置と東京市区改正局の開設の件をも建議し、すべての任務を終了した。

かくして、東京に限る施策ではあるが、市区改正案は成立したものの、条例化（法律化）には多くの隘路《あいろ》があった。明治二一年八月一七日、東京市区改正委員会の組織権限を定めた閣令が整備公布された。委員会の委員長には内務次官芳川顕正、委員は内務三人、大蔵・陸軍・農商務・逓信《ていしん》・警視庁・東京府各二人、区長一人、府区部会議員一〇人という構成で、この中には官界、学界、産業界の名士も少なくなかった」

「明治三七年、三八年の日露戦争は、国威を大いに世界に発揚したが、一面において、日本に近代的な産業革命をもたらす契機になり、動力源や交通網の発達に伴って各種の産業が大幅に伸張した。これに加えて大正三年の第一次世界大戦では、はからずも日本産業の膨張に一層拍車をかけ、ひいては都市計画史上に極めて顕著な影響をもたらした。

それはこの大戦中停滞したヨーロッパの製造工業が、その製品の不足を必然的に日本製品によって補充しなければならなくなり、このため日本においては工場数の激増という現象になって現われた。これらの増加工場の大半が交通至便で労働市場に近い場所、つまり大都市付近に集中するに至った。このため都市の膨張、混乱を生じ始めたことともまた当然のことであった。

東京市区改正条例が大正七年に東京以外の五大都市（大阪、名古屋、神戸、横浜、京都）にも準用されることになった。政府は大正七年五月、官制を定めて、内務省に都市計画調査会（会長内務大臣水野錬太郎）を設け、都市計画に関する六条の調査要綱を定めた。その第一は、計画区域を予定すること、第二は、交通組織を整備すること、第三は、建築に関する制限を設けること、第四は、公共的設備を完備すること、第五は、路上工作物及び地下埋設物の整理方針を定めること、第六は都市計画に関する法制及び財源を調査することであった。

内務省では都市計画課が中心となって都市計画及び市街地建物に関する調査研究を取りまとめ、大正八年三月、都市計画法・市街地建築物法を第四一帝国議会に提出した。両法案とも可決成立したので、政府は八年四月四日、両法を翌九年一月一日から施行した。ここにおいて、日本の都市計画法制は一応整備された。

「都市計画法は、従来の東京市区改正条例と比較すると、改善された点が少なくない。その第一は、単純な従来の市区改正の観念を捨てて、都市を一つの有機的機構として計画しなければならぬことを重視したことで、これは第一条に明記されている。第二には、都市計画制限の制度を創設したことである。即ち、都市計画または都市計画事業として決定した計画と相容れない私権を制限する制度がここに初めて設けられたのである。第三は、地域制度を採用したことである。即ち、住居・商店・工業等、土地の用途を制限して、その上に建築される建築物の種類を制限し、また、建築物の高さ、敷地面積に対しても一定の制限を加えることにしたことである。第四は、土地区画整理の制度を採りいれたことである。第五は、超過収用の制度を認めたことである。第六は、工作物収用を認めたことである。第七は、受益者負担の制度を新設したことである。

社会情勢の進展にともない、全国の中小都市にあっても都市計画を要望する気運が次第に高まり、大正一二年七月一日から、札幌をはじめ二五の中都市に、また一三年六月一日からは富山市に、同一四年四月一日からは佐世保市他一四都市などに都市計画法を適用することとなった。法の公布一〇年余りにして、全国のほとんどの市が同法の適用を受けることになった」

「内務省では、都市計画主管部局を定めなければならなくなったとき、これを土木局にすべきか、地方局にすべきか、または衛生局にすべきか、省議はなかなか決定を見なかった。結局、大臣官房に一課が置かれ、これを都市計画課とする措置が取られた。大正一一年五月、都市計画課を廃止して都市計画局を置くことになった。関東大震災に対処する復興局という組織を必要とする事態となり、都市計画局は廃止された。再び大臣官房都市計画課に戻った。この大臣官房都市計画課は昭和一二年まで続いた。日華事変が始まり、防空法が施行されると、防空事務と共に計画局の所管となり、さらに昭和一六年内務省に国土局が設置されると、都市計画に関する事務は国土局の所管に移され、戦後の内務省廃止にまで至っている」（東京市区改正委員会は内務省に置かれていた）

◇

都市計画局は内務省内で「評判がよくなかった」。「内政史資料第七九」の「飯沼一省の回顧」から引用する。

「内務省内で、都市計画局の評判がよくないのですね。それは土木局のほうから見れば道路法あり河川法あり、それでやっていけるではないか、という感じ。それから地方局方面から見れば、地方自治と矛盾するような傾向をもっている仕事なものですから、そんな中央集権的な制度というものは時代錯誤だというわけでほうぼうから白い目で見られました。またわれわれ自身もやってみて、どうしてこういう特別な局を作って仕事をしなければならないのかという、はっきりした理由が分からずに大分悩み続けたわけです」

石川栄耀も同じ煩悶《はんもん》の中に立たされていた。

第四章

都市計画のドラマトルギー

名古屋時代——外遊②

「今日の都市計画は、都市でもなく村でもなく、
都市と村の融合せるもの、強いて文字を探すなら『郷』であり、
『郷』こそは百年後の都市の相である」

…………石川著『都市の生態』

フラッシュ・バック……………

コンコード――緑と噴水と虹と

若き都市計画家石川栄耀は、アメリカ視察の最初の地にコンコードを選んだ。アメリカ・マサチューセッツ州コンコードは北東部の代表的な初期開拓民の町である。何よりも民兵（農兵）が、独立戦争でイギリス正規軍を打ち破った古戦場として名高い。哲学者・詩人エマソン、作家ソロー、同ホウソン、同オルコット女史（『若草物語』の作者）など著名な文学者を生んだ進歩的な文化の町としても知られる。

早春のコンコードは雪解けが始まっていたが、北から吹き付ける風は肌を刺した。自然豊かなコンコードを最初の訪問地に選んだのには理由があった。それは大学の恩師広井勇博士からの要請であった。コンコードには広井の札幌農学校時代の恩師ウィリアム・ホィーラーが住んでおり、同氏を訪ねて日本政府から勲五等旭日章を授与されたお祝いの言葉を伝えてほしいと依頼され手紙を託されたのだった。コンコードが石川の描く田園都市の理想形とも聞いていたことも訪問の理由の一つだった。ホィーラー夫妻は、町の郊外ラウンドヒル（Round Hill）に瀟洒《しょうしゃ》な邸宅を構えて静かな余生を送っていた。ラウンドヒルは札幌時

晩年のウィリアム・ホィーラー（拙著『ウィリアム・ホィーラー』より）

代に夫妻でよく散歩した円山公園から名付けたということだった。老夫妻は日本からの新進気鋭な訪問客を歓迎した。応接間には在日中に購入した骨董品や掛け軸などが所狭しと飾ってあった。

「私は札幌農学校で教えた学生の中から、広井氏はもとより内村鑑三氏、新渡戸稲造氏など日本を代表する知識人が誕生したことをうれしく思っている」

老齢のホィーラーは静かな口調で語った。

「夫の教え子広井さんの弟子が石川さんですね。あなたは夫の孫弟子ですね」

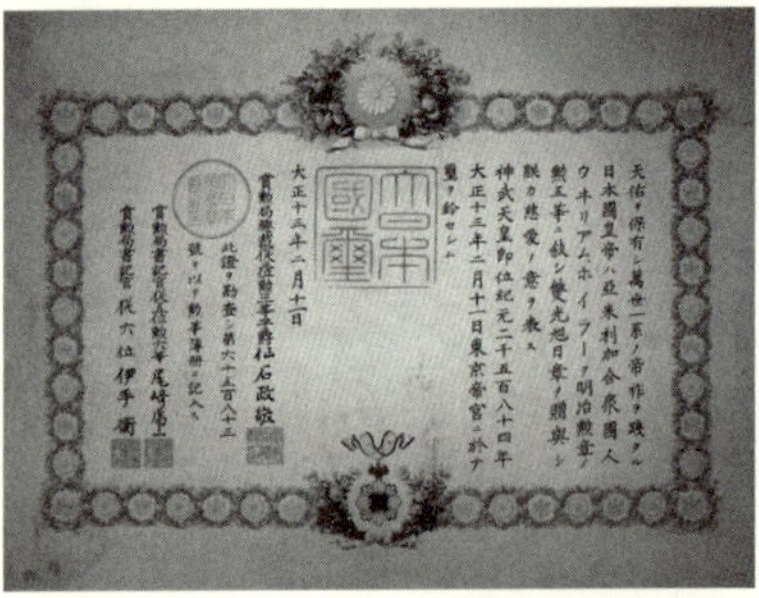

日本政府からホィーラーへの感謝状（ホィーラー家提供）

ファニー夫人が笑顔をつくって独特のやや堅いニューイングランド英語で語りかけた。

「私は広井先生のような方がいなければ土木工学を学ばなかったと思いますし、都市計画学を専門にしなかったと思います」

石川はゆっくりした英語で話した。彼はホィーラー邸を辞したのち、山林や民家の日陰に根雪の残るコンコードを散策した。帰国後、彼は雑誌『都市創作』に紀行文を寄せた（現代語表記、以下同じ）。叙情をたたえた名文である。

「アメリカには卑しい低劣な半面と、純乎凛冽《じゅんこりんれつ》とした——例えばリンゴの皮のむきたてのような半面がある。前者は食い詰めものの移民によって歪められたニューヨーク、ワシントン、シカゴ等の所謂ワンダフル（驚くべき）大都会が代表し、後者は――これはズット田舎に入って、かのクウェーカーの徒の後裔の小都市か、アメリカインディアンの村落にでも入らなければ解らない。

コンコードはそうした小さな町の一つである。ボストンから一時間。停車場にはホームもない。いきなり踏み段から車掌の置いてくれた踏み台に乗って降りなければならないほどである。郷土情緒の焦点は広場にあろう。千坪もあろうか。真中は芝生で何かの記念碑が置いてある。突き当りがまことに鄙《ひな》びた宿屋で、初めからもうホテルとはせず、イン（Inn、開拓時代なごりの旅籠《はたご》、『コロニアル・イン』）と断ってある。その右側が発電所のような赤煉瓦の市役所である。

東に向って街道が走っている。広場とは云《い》わず、街道とは云わず、亭々《ていてい》たる樹木で囲まれている。エマソン（Ralph W.Emerson,1803-1882、詩人・哲学者）もホウソン（Nathaniel Hawthorne、1804-1864、詩人・作家）も瞑想しつつ散歩したであろう並木である。広場には噴水がある。広場から街道に入る右側に教会がある。白亜館に金の十字は誠に純潔そのものである。教会と云い、悉《ことごと》くこの地方特有の木造の雅致ある建物だ。

広場の向うのインの側の道を伝って下れば、そこはホウソンが有名な詩をあまた草した庵が昔を偲ぶよすがとして残っている。

文学者の墓碑（アメリカ・コンコード）

「田園都市」ウェルウィンの駅頭（イギリス）

石川が訪れた「田園都市」レッチワース（イギリス）

市役所の背へ回る道の角には『眠り丘』（スリーピイ・ホロー）と表示されている。そこはこれらの詩人・哲人が安らかに生涯を終わった林間墓地のあるところだ」

ほぼ一〇〇年を経た今日でも、コンコードは石川が描写したままの美しい森と水辺の豊かで知的な町である（参考：拙書『お雇いアメリカ人青年教師 ウィリアム・ホィーラー』）。

◇

大正一二年（一九二三）初秋、石川は欧米視察の第一歩をロンドンに刻んだ。彼はロンドン大学や大英博物館に近いホテルで旅装を解いた。このホテルを選んだ理由にキングスクロス駅（北ロンドンの代表的ターミナル駅）に近いこともあった。ぜひとも視察したいと切望した「イギリス最初の田園都市」レッチワースはロンドンの北方約五五キロに、また同じ「第二の田園都市」ウェルウィンは北方約四〇キロにあり、その出発駅がキングスクロス駅だった。翌日、彼はさっそく列車に乗り込み目的地レッチワースに向かった。カバンには石川に決定的な影響を与えたエベネザー・ハワード（Ebenezer Howard, 1850-1928）の名著『明日の田園都市』（Garden Cities of Tomorrow）を入れていた。

石川は評する。「ハワードは、『ソロモンの栄華の極だにも及ばざる野の百合』なる名著『明日の田園都市』を世に問うた。これが現代都市計画の――古典ではあるが――哲学となったのである。当時はまさに一九〇〇年、今世紀の空、濃紺なる暁である。〝田園都市論〟は当時の社会人の常識を打破した。即ち彼の田園都市は人口を三万人に限るとか、その都市には必ず市民が働くだけの工場がなければならぬとか、瓦斯《ガス》、電気はすべて自市経営たるべしとか、都市の周囲には永久に農業地帯が保留されるとか――最後に土地は公共有たるべしという風に――厳しく規定される。こういう都市を無数に大ロンドンの隣接地に造り、ロンドンに集中する人口を食い止めようと言うのである」（石川著『都市の生態』）。

◇

「一月三日（木）倫敦《ロンドン》の町にて霧ある日、太陽を見よ。黒赤くして血の如し、鳶色《とびいろ》の地に血を以て染め抜きたる太陽は此地にあらざれば見る能《あた》わざらん」

「一月四日（金）倫敦の町を散歩して試みに啖を吐きてみよ。真黒なる塊りの出るに驚くべし。何百万の市民はこの煤煙とこの塵埃《じんあい》を吸収して毎日彼等の肺臓を染めつつあるなり。我ながら鼻をかみ啖をするときは気のひけるほど気味悪きなり」

夏目漱石は二〇世紀初頭に政府派遣でイギリスに留学した。引用文は明治三四年（一九〇一）の日記からである。コートの襟に首を埋めて真冬のロンドンの街を歩きながら、漱石は思ったに違いない。「この大都会はとても人間の住むところではない」と。中年の孤独な留学生は憂悶のあまり

晩年のハワード（左の著書より）

『明日の田園都市』（ハワード著）

狂気に駆られたという。

いち早く産業革命を達成し「世界の工場」となったイギリスは農民がロンドン、マンチェスター、バーミンガムなどの都会に大移動し労働者となった。低賃金で働く彼ら労働者階級は工場の近くなどにスラムを形成した。大繁栄の陰で、空気や河川の汚染・汚濁が進み凶悪な犯罪も急増した。そこに、「文明の生んだ地獄」を打破する小冊子が刊行され大反響を呼んだ。『明日の田園都市』である。著者はエベネザー・ハワードで、彼の著書はその構想「田園都市」とともに世界の都市計画の聖典になった。

「二〇世紀初頭に二つの偉大な発明がもたらされた。一つは飛行機で、もう一つは田園都市だ。両者とも新時代の先駆けとなった。前者は人類に翼を与え、後者は人類により良き居住空間を約束した」

アメリカの代表的な都市学者ルイス・マンフォード（一八九五－一九九〇）の指摘である。ハワードは、政府官僚でも土木建築技術者でもなかった。彼は下層中産階級に属する速記者にすぎなかった。首都ロンドンの環境破壊が一市民を奮い立たせたのである。ハワードが構想した理想社会は、都市の否定ではなく、「都市」と「農村」の融合であった。『明日の田園都市』の「副題」は「真の改革に至る平和な道」である。

「『田園都市』は健康的な生活と産業のために設計された町である。その規模は社会生活を十二分に営むことが出来る大きさであるが、しかし大きすぎることはなく、村落地帯に取り囲まれ、その土地はすべて公的所有であるか、もしくはそのコミュニティに依託されるものである」（ハワード『明日の田園都市』長素連訳）

ハワードは自ら考案した「田園都市」の設計図を、空間的かつ財政的に描いて見せた。彼は「田園都市協会」を設立し実践活動に入って田園都市の用地を探し始めた。ロンドンから鉄道で北に約四五分の所に適地の丘陵が見つかった。レッチワースである。同市の計画人口は三万三〇〇〇人に想定され、設計は建築家バリー・パーカーと同レイモンド・アンウィンに託された。全体像は、小高い丘の上にほぼ南北の中心軸をもち、北端には鉄道駅が置かれ、バロック風の道路や公園が放射状に伸びている。住宅街と工場用地は遠くかけ離れ、その他は畑や牧場などの広い緑地帯である。計画は大好評をもって迎えられた。

レッチワース駅（現在）

◇

石川は帰国後にレッチワース訪問記を書いている（『都市創作』第一巻第三号）。

「〈レッチワース（イギリス）〉

――駅を降りるとすぐ正面が、並木道で真直線にタウン広場に通じている。右は鉄道路線に並行して小ぎれいな商店街を成している。商店街は二、三町（一町は約一一〇メートル）で芝生と街路樹で縁取られたノルトン通りに突き当たる。

そこが一寸《ちょっと》した公園になっている。その角に二、三間もあろうと云う寒暖計のような棒が立っていて、その面に何十ポンド、何百ポンドと目盛りがしてあり、これに『市民諸兄よ、あなた方の公会堂建設費はようやくこれだけに達しました』と書いてあってその高さの所に、移動できる指がさしそえてあった。

ノルトン通りから工場地域を指して東へ抜ける中一廓《ブロック》六、七〇軒全部前庭に桜を植え、雪のようにその花吹雪をあびている小路へ出た。これも当初の計画者の心の中にあった絵であろう。

工場地域に出れば成程これはアノ石油箱のような、惨憺そのもののような、工場地とは趣を異にしている。工場と云う工場は必ず芝生の広い後庭なり前庭をつきものにしている。或る工場は煉瓦塀をことごとく、青々とした蔦《つた》のはうにまかせている。

ある工場の入口には――玄関と云った方が近いが、『労働は芸術なり』と書いてあった。ほとんど煙と云う煙の見えぬ静かな輝かしい工場地域である」

「工場地域を抜ければ、そこは茫々《ぼうぼう》千里青々とした起伏ゆるやかな丘また丘の牧場である。ソウだ、ここが田園都市の特徴の農業地帯なのだ。ゴルフの赤旗が其処此処《そこここ》に翻っており牛はダルそうに午後の陽に寝そべっていた。長閑《のどか》さの極致だ。

さらにその辺りを歩きまわって南の方の白亜の労働住宅地に入る。労動住宅とは云え大抵二階建ての堂々たる煉瓦造で周囲には必ず手頃な畑をめぐらしてある。フト自分の前にいた女の子がバネのように飛んで行った。母なる人がくずれるばかりにニコニコして手を振っている。見ると顔色の好い労働者風の父親らしい人が、これも幸福そうに笑いながら向うから帰ってくる。やがて三人手を取り繰り返しキッスをすると父親はいきなり上着を側の枝にかけて三人一緒に野菜畑を耕すのであった。ミレーさながらのこのありようもまた設計図の夢ではなかったか。深いショックに打たれて帰る道すがら町の教会の夕方の鐘が静かに響いて来た。——」

旅行者の感動にあふれた名スケッチである。今日では工場地域が移転して、文字通り「田園都市」となった。

◇

ハワードの思想を正統に受け継いだのが、レッチワースの設計・建設者レイモンド・アンウィンである。彼は知識階級に属し、父は実業家であると同時にオックスフォード大学で非常勤講師を務め、産業革命から生活革命への価値観の転換を訴えた歴史学者アーノルド・トインビーの友人でもあった。アンウィンは大学町オックスフォードで少年時代を過ごし、父を通じて詩人・工芸家ウイリアム・モリスとも知り合った。モリスの芸術論集は、アンウィンが生涯愛読し影響を受けた書物であった。それは、例えばモリスの講演録である『芸術と社会主義』（一八八四）の次のような一節であった。

アムステルダム国際会議（『都市をつくった巨匠たち』より）

「環境の快適は、①良い住居、②十分な空地、③一般の秩序と美といったことだ。即ち、われわれの都市には広い緑地が必要だし、われわれの都市は田園の田畑や自然の風物をむしばんではならない。いや、私は荒地や野原なども残しておくことを要求しさえする。これがないとロマンスとか詩――即ち芸術は死に絶えてしまうと思うからだ」（中橋一夫訳）

アンウィンは、大正元年（一九一二）年から、バーミンガム大学に設置された都市計画コースで教鞭をとった。一九一三年、都市計画研究所を創設し、一九一五年、イギリス国民協会の設立に参加する。このころから数々の要職を歴任し、一九一六年から、グレトナ・マンコル・ヴィレッジ、タインズフェリィ被災者用住宅を企画・提案する。一九一八年、高層建築の問題についてレポートを報告し、一九二〇年、自らの基本原則に基づくガーデン・シティ（田園都市）を計画設計した。一九二二年にはベルリンで「近代都市の建設」をテーマに、エルンスト・マイのプレスラウ計画を例にして自らの設計思想について講演した。この翌年に石川はアンウィン面会を実現したのだった。

ハワードやアンウィンの思想が、大正一三年（一九二四）六月オランダ・アムステルダムで開催された国際住宅・都市計画連盟（ＩＦＨＰ）主催の第八回国際都市計画会議で結実したことは時代を画する出来事だった。この国際会議には、日本からは、ヨーロッパ出張中の石川栄耀（都市計画愛知委員会技師）をはじめ榧木寛之（内務省技師）、鈴木健三（大阪府土木課長）の三人が出席し、ハワードやアンウィンなどと親交を結んだ。国際会議での決議は七項目だった。①大都市は抑制すべし、②衛星都市制を採用せよ、③緑地帯にて抱かしむべし、④交通整備を為《な》すべし、⑤接近せる都市群を考慮せよ、⑥地方計画は伸縮性を有すべし、⑦地域制に関する法の制定を要す（石川著『日本国土計画論』参考）。これが二〇世紀の世界の都市計画の〝指導理論〟となったのである。

◇

石川の欧米都市訪問記は珠玉の作品集である。彼はどこの都市を訪ねても文学者・音楽家・画家など芸術家の墓地を訪ねる。「紀行文」から三カ所を引用する（〈コンコード〉は〈フラッシュ・バック〉とは別項の追想記である）。

〈コンコード（アメリカ）〉

――とにかくタウンホールへ行く方角はどちらだと子供に聞いたら、いたいけない子が率直にRight downと指す。鄙《ひな》びた家々の間を少し歩いている中《うち》にY字交差点に出た。その一角は三角な青々とした芝生の前庭をもった小さな図書館で他の一角が学校である。丁度、昼食時なので女の子男の子入り乱れて前庭で遊んでいる。大きい生徒達が肩に手を組みながらゾロゾロと出て行く。生徒の流れについて行く。二丁（二丁は一〇九メートル）ばかりでやや賑やかな店になる。

それがタウンホール広場の入口である。タウンホール広場と云っても大した陸離《りくり》たるもので

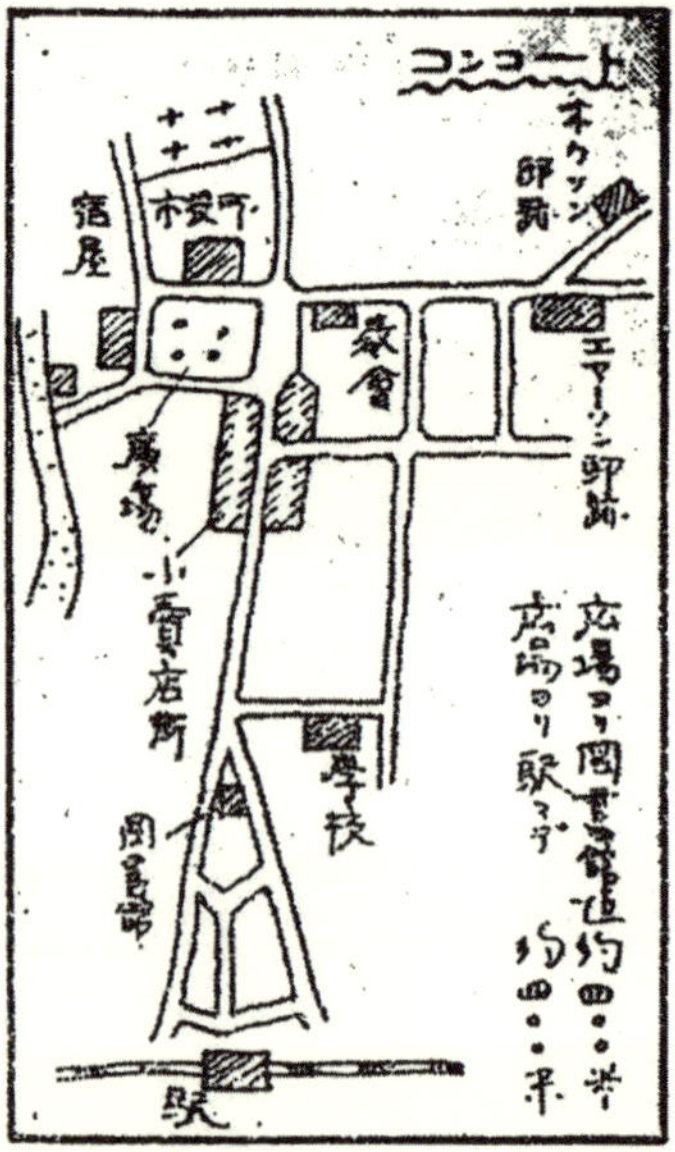

石川の手書き図（コンコード）

はない。小さな路傍公園ぐらいの芝生帯で、それをめぐって白屋金塔の教会、三菱倉庫のように素朴な赤煉瓦のタウンホール、一番奥が極質素な宿屋である。それも何々ホテルでなく、ただイン（Inn 旅籠）とあるのもふさわしい。

この広場から道が五本出ている。それぞれの道に副って素朴な家が並んでいる。ある家の街灯の如きは、どうしても電気以前の細工としか思えぬ古雅なものである。そうした家も四、五丁でつきる。北に行った道は哲人達の永眠している疎林美しい〝眠りの丘〟に副い、東する道は亭々とした街路樹にかざられてエマーソン、ホウソンの家の前をはるか美しい追想の多いワルデン（通常はウォールデン）の湖に出る。汽車の窓から遠く教会の金色のドームが見える。いつまでも見える。コンコードは美しい、例《たと》えようもなく親しく穏かに美しい。インと林と丘と人と教会と、アメリカで見た最も美しい町だ。住まわほしき町、忘れ得ぬ町だ。――」

〈トレド（スペイン）〉

「――強烈な光線をよけるために色目がねをかけて来たので、単調な地平線に一文字スーッと引いている雲さえお伽噺《とぎばなし》めいている。途中馬がたった一匹でコトコトと水車を回して逆に水を汲み上げているのを三ツ、四ツ見た。誰もいないのに自分のあてがわれた仕事をコトコト回っているところを見ると無限の寂しさと柔らかさを感じる。

自動車はその間を風のように走っている。行くこと一時間ばかりで、行く手に当たって不思議な島が現出する。坦々茫漠たる平原の中に凸兀《とっこつ》として、巨人の掌《たなごころ》ほどの丘陵があり、その丘陵はこれまた素晴らしい水晶の結晶のように家が群集している。晴れきった燃えるような南欧の空を背景にして何という姿だろう。

あれがトレドだと云う。それは我々東洋人にはなつかしい名前だ。これこそ南欧に残した東洋人の見果てぬ夢の数々の中の最も鮮やかな一つだ。バルコニー一つにも道の四つ角の意匠《デザイン》にも屋根の瓦一枚にも東洋人の香が残っているはずだ。掌ほどの大きさゆえになつかしく、その塔、その城、屋根の数々をむさぼるように眺め入った。

〈ベルゲン（ノルウェー）〉

「――（前略）眼下は一面の海だ。否、静かな海水を湛えた峡湾《フィヨルド》である。静かな海の上を銀の澪《みお》を曳いて船が往来している。動いているのか止まっているのか解らない。ただ澪でそれを判断するだけである。

フト気づいたらさっきから足の直ぐ下に牛の舌ほどの町が海の中に陽にぬくまっていたのだ。それがどうやらベルゲンらしい。牛の舌の突端に青いところがあるのは海を眺める公園であろう。

ベルゲン（ノルウェーの港湾都市、現在）

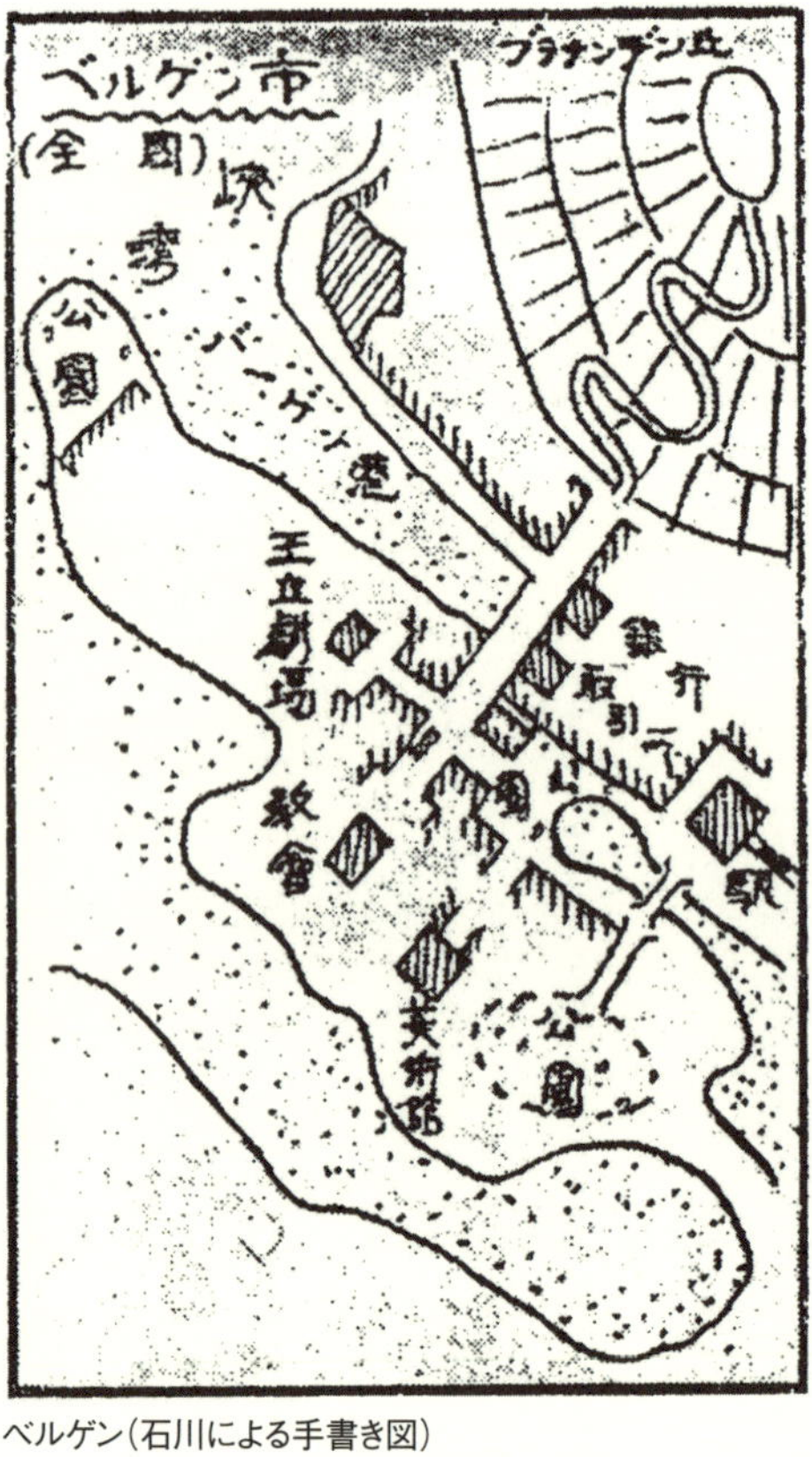

ベルゲン（石川による手書き図）

町の中程の白い建物は王立劇場ででもあろうか。そのあたりまで、細いエメラルドのような海が入り込んでその中に玩具《おもちゃ》のような白い蒸気船が二、三隻浮かんでいる。あのどれが今朝乗って来た船だろう。見れば見るほど可愛い親しい町だ。北方の花と云う小さなチューリップなどと云えぬほど小さくて美しい。――」

石川の観察眼はことのほか鋭い。都市の個性的美しさは、居住者にとっては「誇り」であり、旅行者にとっては何よりの「魅力」である。

ノルウェーでは首都オスロ市（当時クリスチャニア市）郊外のノーベル文学賞作家ビヨルンソンの墓地に詣でている。石川はビヨルンソンの作品（英訳本）を学生時代から愛読した。ビヨルンスチャーネ・ビヨルンソン（一八三二－一九一〇）は、イプセンと並ぶノルウェーの生んだ世界的文豪である。この野趣に富んだ作風の作家は全国民的に敬愛され、国民的詩人の立場にある。彼の詩の一つが国歌になっている。彼は国民的指導者であり、晩年は国際的舞台に出て被圧迫民族のために戦った。彼の社会批判はどれだけ鋭くても常に底には温かい同情をたたえていて、和解と調和への願いを込めている。小説や戯曲など多数の作品がある。「アルネ」など谷間を舞台にした山岳小説に代表作が多い。石川栄耀は外遊から帰る際、ビヨルンソンの英訳全集を購入し持ち帰った（石川が洋行中若い妻清子は幼い長男允《まこと》を連れて名古屋から東京・目白の義父母石川銀次郎・あさ夫妻宅に身を寄せていた。清子は義母との仲がしっくりいかず苦労を強いられた）。

ノーベル文学賞作家ビヨルンソンの墓（オスロ）。石川は作品を愛読した。

第五章

区画整理、公園それに祭

夕星《ゆうずつ》を仰ぎ見て

Si monumentum requiris circumspice.（ラテン語）

「もし彼の残したものを見たいと思うならば、君の回りを見よ」

……イギリスの建築家でセント・ポールズ大聖堂の設計者チャールズ・レイの墓碑・碑文。セント・ポールズ大聖堂に残されている。石川がよく引用した。

〈夢〉講演——区画整理について、去私の精神

われわれ都市計画を担当する者が区画整理を進める際、話し合いの相手は地主さんです。だから行政を預かる皆さまは、まず地主さんの気持ちになることが大切です。

よく区画整理を説得するのに何か社会事業のような奉仕行為として奨《すす》めて掛る人があります。区画整理がなかったら都市計画事業はどうなる——などと大上段に振りかざします。しかしこれは行政をあずかる者が絶対にやってはいけない手法だと言っていいでしょう。

では地主さんの気持ちになれとは、どういうことでしょうか。

即ち、土地は一坪でも惜しいものだ。土地を減らすならば、はっきりとした採算がとれていなくては困る。もしものときにはこういう方法で助かる。公平を保証して欲しい……。

こうした地主さん側の気持ちが解っていて、区画整理事業に取り掛かることです。

ただ、だからと言ってこの際計画にすらないものまでも、いかにもあるものの如《ごと》く見せかけて、結局地主をペテンに掛けようなどという行為は絶対にいけません。それは徳義上行ってはいけないことであるし、のちの仕事のためにもなりません。大きなツケを残すだけです。

要は説得・誘導である。騙《だま》すのではない。地主さんたちの採算に合わない場合には事業を進めてはいけません。

名古屋の地に立派な美しい街路や公園それに散策ができる川辺や霊園をつくりましょう。バスや電車などの交通網も近代都市らしく整備したいと思います。産業発展のために中川運河を掘りたいと考えます。

私は夏目漱石先生の作品の愛読者です。皆さまに訴えます。公共事業を行う者は「私心を去れ」と。これは漱石先生の晩年の哲学である所謂《いわゆる》「則天去私《そくてんきょし》」を私流に解釈したものです。「天に則《のっと》り、私を去る」。私は私なりに「天の命じるところに従って、私心を去る」努力をしてまいりました。これからも「去私の精神」を持続していく覚悟です。御理解をたまわりたいと思います。（石川「区画整理の誘導講話の順序」（『都市公論』第一四巻七月号、昭和六年七月）参考））

◇

石川栄耀は一年間の欧米視察を終えて大正一三年（一九二四）夏帰国の途に着き、神戸港から名古屋に帰任した。大学同期の中では最も早い洋行であり、当時の言葉を借りれば若き知識人の「新帰朝者」、「学士様の「洋行帰り」であった。だが妻清子や幼い長男允《まこと》に再会した石川の日焼けした顔には笑顔はなかった。

「私（根岸）は石川の妻と幼い乳飲み子の長男と一緒に彼の帰朝を神戸まで迎えに行ったのであるが、それでなくとも鋭い彼の目付きは妖《あや》しいまでにギラギラと輝き、真っ黒に日焼けした顔の筋肉はコチコチに硬直し、新帰朝者らしい見栄《みばえ》も外聞もなく、如何《いか》にも疲れ切った様子で、くたびれた洋服に大きなカバンを抱え込んで、あたふたとせっかちに船のタラップを降りてきた」（『都市に生き

る―石川栄耀縦横記』（根岸情治））

日本と欧米の都市計画の落差を現場で痛感した三一歳の石川には一つの決意があった。帰国後、主任技師になった石川は、都市計画の財源が乏しく用地買収が困難で、しかも街路・公園の新設が見込めない中で、名古屋市郊外の区画整理を寝食を忘れて実行した。

地方行政（愛知県や市町村）から「ままっ子扱いされている」（根岸）都市計画地方委員会が、県行政と一本化しようとしていただけに石川の意気込みも熾烈《しれつ》なものがあった。彼は理論の構築はもとより、何よりも実践を最優先して区画整理事業に飛び込んでいく。その情熱により宅地開発や基盤整備を成し遂げ、その手腕を存分に発揮した。

区画整理事業は、ドイツで郊外地開発の手法として誕生した。大正九年（一九二〇）に施行された都市計画法の第一二条、一三条に規定された日本の土地区画整理は、基本的には郊外地、つまり今後市街化が進む近郊農村地帯で、市街地として必要な道路や公園などの公共施設を整備し、合わせて街区・敷地条件を整えるための制度であった。しかも地主たちが組合を作って行うことを基本にしており、手続きや技術的手法は従来の耕地整理法を準用して行うことになっていた。都市周辺の農地で施行する場合には、どちらの法律に準拠して実施しても手続き上では大差はなかった。

内務省本省から都市計画愛知地方委員会に、新任の事務官と五人の若い技師が派遣されて来た。都市計画愛知地方委員会主任技師石川を支えるグループである。勤務する建物は県庁別館の仮住まいだったが、県庁内の一室を占めることとなり、県には都市計画課が新たに誕生した。いずれも石川の真摯《しんし》な訴えや実績が愛知県当局や名古屋市長大岩勇夫《おおいわいさお》（一八六七－一九五五）に理解された結果である。職員の増員も認められ、道路計画、地域計画、公園、住宅その他都市計画全般にわたる基本的調査や設計が始められた。若きエリート石川は足を棒にして名古屋の街を調査し、周辺の農地や山野を歩き、喉をからして市民や農民の啓蒙に駆けずり回った。面会を求める市民には必ず会った。「率先垂範」「足を使う」が彼のモットーだった。

「石川栄耀氏が属した都市計画愛知地方委員会は、旧都市計画法の施行を受けて最初の都市計画を立案した。市区改正の機運があったとはいえ、極めて短期間にまとめられた四〇路線の街路網

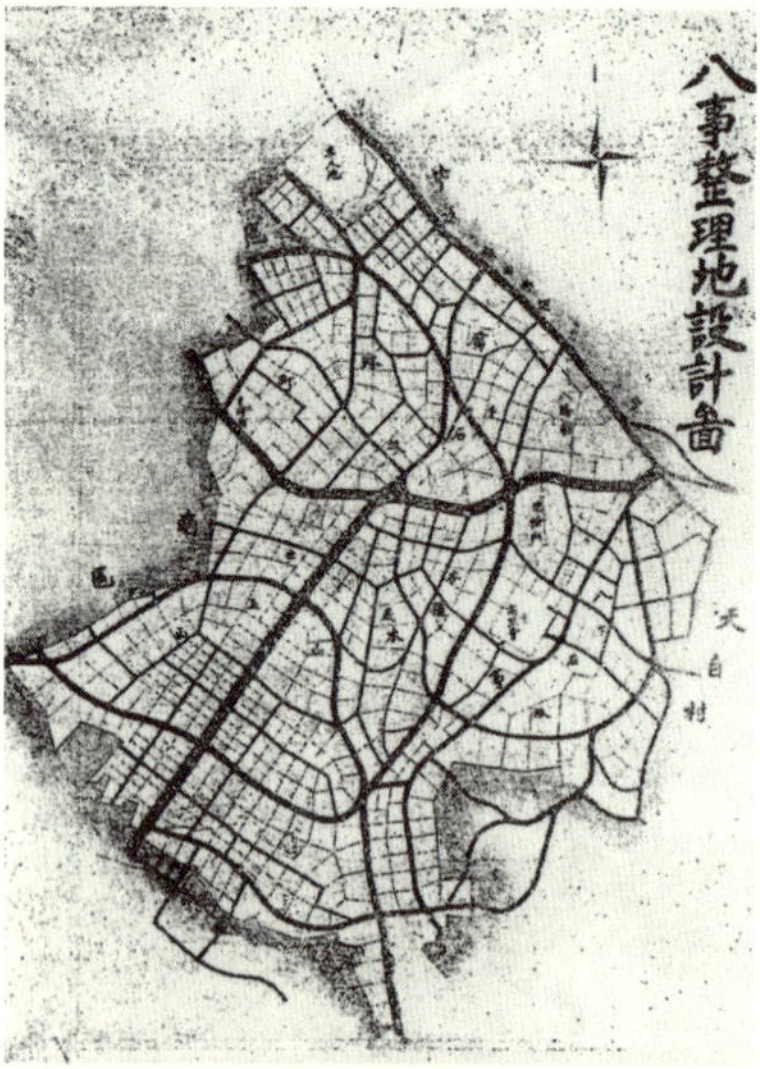

八事整理地設計書（石川作成）

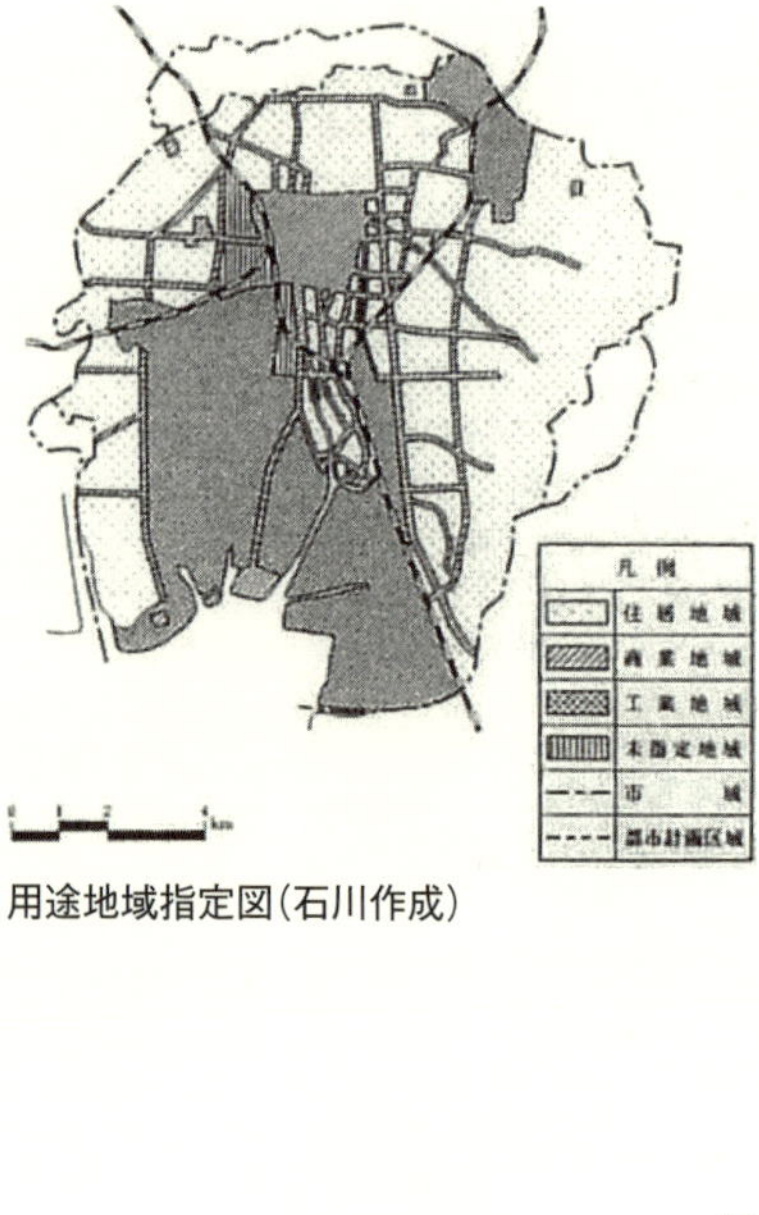

用途地域指定図（石川作成）

をはじめとする、公園、運河、用途地域等の計画は、当時の人口の二倍を超える将来人口約一三〇万人を想定した壮大かつ先見性のあるものであった。このとき構想された臨海部の工業地、都心部の商業地、これを取り巻く住宅地、そして、これらをつなぐ街路網や運河網等といった都市の骨格的構造は、現在に至るまで名古屋の発展を支えてきている。特に、桜通線、伏見町線、名古屋環状線をはじめとする幹線街路は、当時とほぼ同じ位置と幅員で、都市交通ネットワークの根幹として役割を果たしている」(「石川栄耀と名古屋都市計画」(元名古屋市長西尾武喜、「都市計画、石川栄耀生誕百年記念号」より)

夢に燃えた石川の叡智《えいち》が中部日本の中核名古屋の都市機能ひいては繁栄の基礎を築いたと言っても過言ではない。

◇

「名古屋の生活は実に楽しかった。何故《なぜ》か我々の意見は細大となく市民に直《すぐ》に承認されたのである。それというのもジャーナリズムが極力好意を寄せてくれたことと、名古屋市民の性格によるのであろう。新聞は私にカコミのコラム欄をくれた。そのために、市民と我々の間が非常に親しくなった。

それは照明や商店の指導を楽にし、しまいには我々の指導により、広小路祭、太閤祭、公園祭、大縄祭など幾つかの祭りを無条件に協力してくれるようになった。そのうち幾つかの祭りは未だに残っていると聞いている。

中村公園（名古屋、石川スケッチ）

また、役所の中は、上下なく皆友達であった。皆で隊を組み、猟奇隊などと称し、毎夜名古屋市のあらゆる方面を視察して歩いた。ある時は築港方面の遊郭に繰り出し、一〇人ばかりで遊女を質問攻めにしたことさえあった」

「我々の都市計画の仕事が大きく歩むにつれて、大きくこれをバックし、むしろ自分が指導者にさえなった人として、大岩市長があったことを忘れてはなるまい。大岩市長はなりこそ小さいが、ズングリとした押しのきく形をしていた。義太夫で叩いた音吐《おんと》は朗々として太くサビあり、声の男性美と言うのであろう。

私が今に感謝しているのは、氏は殆ど何でも私の提案を入れた。二つ返事で承認してくれた。特に公園の実現については、殆ど同一役所人の如く緊密に行動してくださった。公園実現のために公園候補地（計画公園）で公園祭をやり花火大会をやった。これも市長の肝いりで、市バスが動き、大変な人出となった」（石川著『余談亭らくがき』）

得意満面の石川のしたり顔が見えるようである。

◇

昭和三年（一九二八）一月一〇日、長女恭子《きょうこ》が誕生し、次いで昭和五年一一月二二日に次女倫子《みちこ》が誕生した。石川は妻と二男二女の幼子をかかえて私生活でも繁忙を極めたが、人生を前向きに明るく生きていく若い知識人の姿は周囲に多大な影響をもたらさずにはおかなかった。

「彼（石川）は八畳の客間に、床の間といわず、窓といわず、所かまわずビールの空箱やミカンの空箱を、そのまま汚らしく天井まで積み重ね、それに本や書類をギッシリ詰め込んでまるで物置か倉庫のようにして、いっこうお構いなしでいた。

次の間は居間になっていて、その所に冬は炬燵《こたつ》を作り、夜などは毎晩のように近所の者や役所の若い連中が集まり、トランプや花合わせをやったり、演劇の本読みや短歌会を開いたり絵を描いたり、哲学や文学を論じ合ったりして、いつも大変なにぎわいであった。それがまたいい気持に飛躍して、県庁の会議室を借り受けて、絵の展覧会をやるかと思えば、ランプ座と称して演劇の素読会を催し、また『自画像』という小雑誌を発刊して、短歌や俳句や雑文を載せたり、そうかと思えば、野球大会とか運動会を主催し、一面猟奇隊という売春窟やゲテ方面の視察を行う団体をこしらえたり、なかなか多様な生活振りであった」

石川は将棋にも凝ったが、将棋の駒は石川家祖先の地である山形・天童の伝統工芸の高級品を取り寄せて使った。

「最も彼らしい活動は、当時の大岩名古屋市長を動かし、名古屋市の盛り場繁栄のため、『広小路祭』というお祭りを思い立ち、街の商店会と連絡をとり、街の芸者衆を総動員して踊り屋台を造り、彼自からハッピを着て先頭の金棒を引きながら、数日に亘って街を練り歩いた。また新しくできた公園の宣伝に『公園祭』をしたこともあった。

その時は既に都市計画の実施的役割をもった土地区画整理が、名古屋市郊外の各方面にしきりに行われ、一二、三の組合が結成されて、住宅地造成や工業地造成、公園地造成等の事業にしのぎをけずっていた頃で、彼はまたこれを契機に『都市創作』という専門的な雑誌を作って、全国的に呼びかけ相当の反響を呼んだ」(『都市に生きる―石川栄耀縦横記』(根岸情治))

再度引用しよう。

「神を信じ、神に頼れなかった男。
芸術を愛し、芸術に没頭し得なかった男。
学問にあこがれ、学問に殉職できなかった男。
俗世間を軽蔑し、俗世間を無視出来なかった男。
ここに彼の精神的大きな悩みがあった」(同前)

悩みは飛躍のための糧《かて》でもあった。

◇

石川は名古屋以外にも豊橋、岡崎、一ノ宮、瀬戸など愛知県内の都市計画を順次手掛けていった。地方都市のありかたについて、現場に出向いて実践的に研究し計画した成果は、『都市動態の研究』(刀江書院、昭和七年刊)として実を結んだ。三九歳の処女出版である。都市計画と照明に関する記念講演を依頼されたことがきっかけで照明の研究も行った。これがのちに「夜の都市計画」という新たなジャンルを拓く契機となった。アメリカ・ボストンの視察の際、セツルメント運動(貧困地区での社会奉仕事業）を視察し感銘を受けたことから、「細民街（スラム街）改造計画」にも挑戦したが、実現には至らなかった。

一方で厳しい現実にも直面した。長野県上田市の都市計画を委嘱された際、地元の説明会で立往生してしまったのである。計画案の中に、既存の商店街と並行して駅に直結する新たな幹線道路が設計されており、それが地元商店街や有力者の不安を掻き立てた。結局、新しい幹線道路が既存の商店街に営業上の損害を与えないことを地元側に説明が出来ず、厳しい質問攻めに会った。演壇で立往生してしまったのである。この忘れがたい屈辱的試練は、のちの「盛り場の研究」の引き金となった。日本の都市計画家で「盛り場の研究」を本格的に行ったのは石川がはじめてである。

◇

石川が創刊を提案した『都市創作』は、彼の柔軟な発想や秀《ひい》でた文才を示して余りある。既に記したように、大正九年（一九二五）の都市計画法の施行とともに、東京・横浜・名古屋・大阪・京都・神戸の各都市に、事務官・技師・書記・技手によって構成される都市計画地方委員会が設置された。これによって地方都市の都市計画は、都市計画地方委員会の議を経て、内務大臣が決定し、内閣の許可を受けるという手続き上の流れが形成された。

機関誌の先駆けとなったのが、内務省都市計画課を中心に作られた都市研究会による『都市公論』であった。大正一四年（一九二五）に東京の市政調査会と大阪・兵庫・愛知の地方委員会が揃って機関誌を創刊した。東京市政調査会による『都市問題』、大阪都市研究会による『大大阪《だい》』、兵庫県都市研究会による『都市研究』、そして愛知県都市創作会による『都市創作』である。『都市創作』は月刊誌で、大正一四年九月二五日に第一巻第一号が発刊され、昭和五年（一九三〇）四月一五日に発刊された第六巻三号までの五五冊が確認されている。月刊誌の斬新なタイトルは、石川ならである。

『都市創作』第1号（愛知県立図書館蔵）

「都市創作会会則」によれば、会の目的は「都市計画に関する諸般の事項を研究調査し都市の改良発達及び地方の福利開発に貢献する」（原文カタカナ）ことであり、以下の事業遂行を念頭に置いていた。

一、毎月第一金曜日に研究例会を開催すること
二、毎月一回雑誌『都市創作』を発刊し之《これ》を会員に配布し且《かつ》希望者に実費にて頒布《はんぷ》すること
三、随時図書を刊行し之を会員又は希望者に実費にて頒布すること
四、講演会、講習会、展覧会等を開催すること
五、その他必要なる事業を行うこと

石川が提起した「都市創作宣言」には「手段としては区画整理。精神としては小都市主義。態度としては都市味到《みとう》」と明言してある。

◇

「都市創作会」の設立時の理事には、石川栄耀（都市計画愛知地方委員会土木技師）、狩野力（同公園技師）、

黒川一治（同幹事）、永田実（同建築技師）、長沢忠郎（同土木技師）が名を連ねており、血気盛んな気鋭の都市計画技術官僚が中心になっていた。

会員には、都市計画愛知地方委員会はもとより、関係自治体である愛知県庁や名古屋市役所の職員、それに中京地方の耕地整理組合と区画整理組合の構成員が大多数を占めている。職能を超えた社会団体であった。創刊間もない大正一四年（一九二五）一二月の時点で、会員総数は当初の予想を越えて四五〇人に達した。

石川は欧米視察旅行から帰国後『都市創作』に「郷土都市の話になる迄」と題する連載を第一巻一号から第四巻八号まで計三一回に亘って掲載した。漱石作『彼岸過迄』を下敷きにしたというこの連載は、都市を類型化しようとする本格的な都市論や都市経営論から、文学論や紀行文まで多様な内容を含んでいる。その多才ぶりを遺憾なく発揮しているが、基本的には欧米視察旅行での思索や見聞が色濃く反映されている。石川は三二歳である。

創刊号（第一巻第一号）での意気込みを見てみたい。

「〈郷土都市の話になる迄〉（現代語表記とする）

たまたま自分の最も敬愛する漱石先生の小説に『彼岸過迄』というのがあるのを思い出して、一つあの形式でその都度その都度その読者の興味本位の断章を書いて行き結局読後感として『あるもの』を『成程』と感じさせる行き方を真似てみようかと思いついた。（『彼岸過迄』はいくつかの短編を重ねることで一編の長編を構成する——漱石の影響がここにまで及んでいる——著者）」

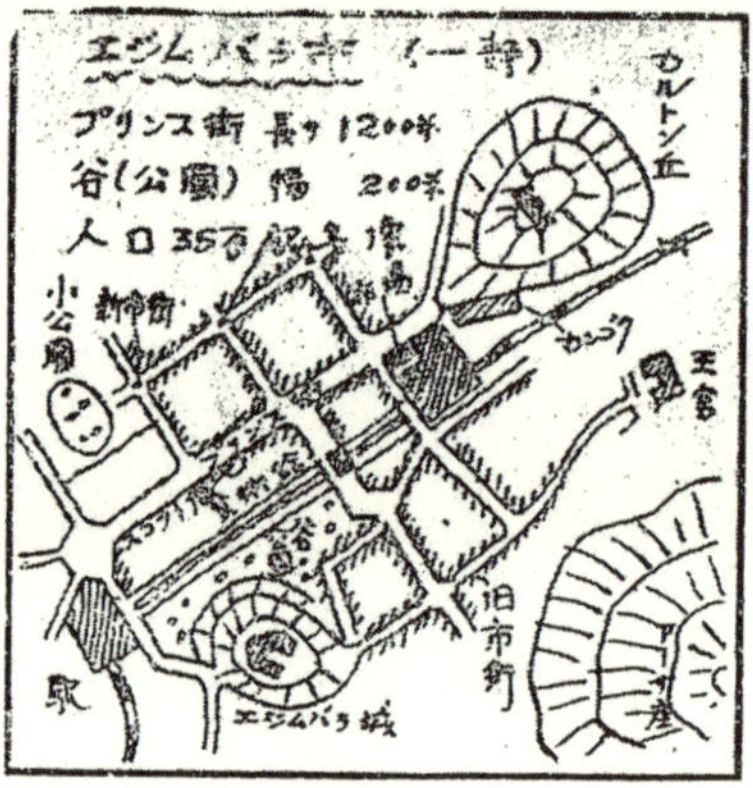

エジンバラ市（石川手書き図）

「今英国で非常な力を持っている教育法に『ダルトン案（Dalton Plan）』というのがある。初めアメリカ（マサチューセッツ州）のダルトン市で試みられたので、そのままその名前を冠したのだそうだが、その根本方針は在来の教育法が全く児童の自発性と個性を無視したやり方で何でもかんでもある窮屈な型に鋳込んでしまうところから変なゆがんだ小さな平凡な人間ばかり出来てしまうのだ、これでは教育だか狭育だか分からないと言うことに気が付き、ここに全く方向変換して、個性はどこまでも個性として尊重しさらに研究の態度は出来るだけ自発的にさせるという方針をとったのである。すなわち従来の学年制をここで全部撤廃し、すべて科目制度にしてしまうというのである。（中略）自分はこの方針をそのまま都市計画殊《こと》に『大都市の郊外計画』にもって来たいものだと思い名前もはなはだ変だがそのまま借用して土地開発『ダルトン案』としたわけである」

次いで「郷土都市の話」において「ベニス・トレド・ベルン・ルセルン・エジンバラ・ワイマル・ハンブルグ・コンコード・ベルゲン・クリスチャニア（現オスロ）・北京・上海」の街について、自らのスケッチとともに各都市の特質や個性を書き起こす一方、「常識的都市計画法鑑賞」では、日本・仏・英・独の法律の比較を行い、海外経験がいかんなく発揮されている。

〈第二巻第一二号〉の「交通力学序説」も刮目《かつもく》に価する論評である。

「街路と云ふ二つの山―丘―堤防の間を例えば水が河の曲り角で渦を巻き坂に来れば瀬を成し、断崖を落ちてはドウドウと飛沫を湧き返すように、一つの広場、一つの丁字路、わずかな建物の凹《おう》凸《とつ》、坂の緩急、店舗の性質、路面の滑粗、気候、天気、時、さてはロでは云えない街の持つ魅力に支配され、浪打ち渦を巻き静まり、さて、いつの間にか糸となり点となり跡形もなく消えてしまう。

この流れを一つの流体と考える。

そしてそれを諦観し、考察を浸透させる間は、そこに一つの流体力学が成立しやしないかと考える。

勿論《もちろん》、自分達の習った流体力学はただわずかにニュートンの働きの三則（光のスペクトル、万有引力、微積分）をほどいたり、結んだりして出来た学問に過ぎない。

この眼の前の流れの分子が少なくも水滴以上に有情《うじょう》である間は、そんな簡単なものへのアナロジー（類推）では何の役にも立たない。そこには万有引力の外に微積分では計算出来ない『本能』の引力が働いているからである。

ただ残念なことには今日の心理学ではニュートンの三則に匹敵するだけの、何の足しになるまでの研究が出来ていない。

自分はわずかに漱石の云った
『文化人は驚きたがる』
と云う一則とさらにやっと
『人は人をひく』
と云う一則を加え得るだけである」

〈第三巻第八号〉の「都市計画学の方向その他―スケッチブックより」では都市計画家の心構えを説く。

「我々は都市計画家である。土木家でも建築家でも何でもない。だから現代において先輩を持たない。都市計画に学問はなかった。だから我々は過去においても先輩を持たない。先輩を持たないことは爽快である。考えただけでも力が漲《みなぎ》って来る。その代わりと云うべきかどうか知らないが、我々は、土木家のように、建築家のように、ポケットブック、誰も指一本ささせないポケットブックを持たない。

我々の権威のためにはこのポケットブックがなくてはならない。――未熟なる土木家、未完成なる建築家と云わせないために。

さらにも一つ、都市計画家と云うものの不融通性と、物的に恵まれることの薄き運命を考える。不融通性なるものは『名人』の域に達し『名人』としての社会価値を獲得する必要がある。これが職業保険である。物的に恵まれぬものは、心的に自分の仕事に興奮する必要がある（これこそは強制された幸福である）。これらのために我々は都市計画学の方向に十分の旅仕度、リュックサックと磁石とツルハシを持って、絶間なく精進をしなくてはならない。

都市計画のリュックサックはスケッチブックであり、ツルハシは思索である。自分は今、自分の貧しいスケッチブックを先ず友らに見せたいと思う所以のものは、友らのリュックサックの中の収穫を見せて貰いたいからである」

〈第四巻第一号〉の「都市とは何ぞや」は彼の思想の核心を活写している。

「然らば都市とは何ぞや。自分はその『賑《にぎ》やかさ』に目をつける。都市の価値は賑やかさである。賑やかさを――固定的の賑やかさを失ったら都市でないと同時に固定的に賑やかなれば直に都市である。こう来ると今度は『賑やか』とは何ぞやとなる。賑やかさとは人間が遊楽的施設につつまれ、その気分の中にあって集団的気分に酔うことである」

「都市計画家の使命

まず都市の本能を認識し、此れを他の文化機能と識別すること。

さすれば都市計画家の為すべき事はきまってくる。

そして明らかに今日の都市計画家は時代の赤十字であるべきことを感じる」

石川は『都市創作』の代表的な論客だった。

◇

『都市創作』（復刻版）の解説（堀田典裕）によれば、海外交流が結実した事例として、黒谷了太郎の「山林都市」と石川栄耀の「愛知型」という二つの思想をあげている。黒谷了太郎の「山林都市」は、アンウィンらとの書簡の交換を通じて学んだ田園都市理論と、彼が台湾総督府勤務時代に、イギリスが一九世紀にインドにおいて避暑地として開発したシムラやダージリンなどに代表される列強各国の熱帯植民地のサマータウンのことを聞き及んで着想した「山上都市」を結合したものである。この思想は、イギリスの『田園都市』における「農業」を「林業」として置き換え、「山林」を対象とした日本独自の田園都市として理論展開されるとともに、ハワードによる『田園都市』の本質が、同時代の日本における田園都市論の中で最も正しく理解されていただけでなく、黒谷と私的交流のあったアンウィンから教えを受けた都市の設計・運営に関する具体的な提案が盛り込まれていた。この理論は、実際に「八事《やごと》耕地整理組合」「南山耕地整理組合」「八事土地区画整理組合」「音聞山土地区画整理組合」による名古屋の八事丘陵地の開発の背景となった。

　一方、石川の「愛知型」は、欧米視察の際、ジョン・ノーレンの事務所で見たアメリカの中小都市の設計図における循環道路が先行する「A型」と、放射線道路が先行する「B型」という二つの型を重ね合わせて、「放射循環式」からなる「愛知型」という街路パターンの原型を生み出した。「愛知型」は単なる石川栄耀の独創にとどまらず、「都市創作会」において共有できる原型であった。土地区画整理組合の賛同を得て、実際に「道徳土地区画整理組合」や「田代土地区画整理組合」などに結実している。

『都市創作』には、石川の「都市美」に関する論文が掲載されている。例えば「都市風景の技巧」ではテオドール・リップス（ドイツの美学者）の「感情移入論」を下敷きにした「質量美と空間美」からなる「都市美」について言及している。こうした概念が「名古屋都市美協会」に結実し、昭和一二年（一九三七）に東京で開催された第一回全国都市美協議会の先駆けとなった。

◇

中川運河（現在）

石川が手掛けた区画整理として中川運河の開削事業を忘れてはならない。名古屋港の後背地における工業地域の発展を目指した画期的事業であった。

「こうした名古屋での楽しさの中の一四年は夢の間であった。二九歳の男は四二歳になった。そして一人者で来たのが四人の子をもつようになった。今さら、地方生活が少し長過ぎたと思うようになった。それに何としても同じ所に一四年は多少退屈でないとはいえない。一番困るのは立派な指導者に巡り会うことができないことである」

「名古屋で会った最大の人は私の恩師小田内通敏先生（地理学者、著作『趣味乃地理 欧羅巴《ヨーロッパ》』は中学生石川に都市研究の魅力を教えた。既述）であった。あとはどこに行っても名士地方版に過ぎない。これではいつ

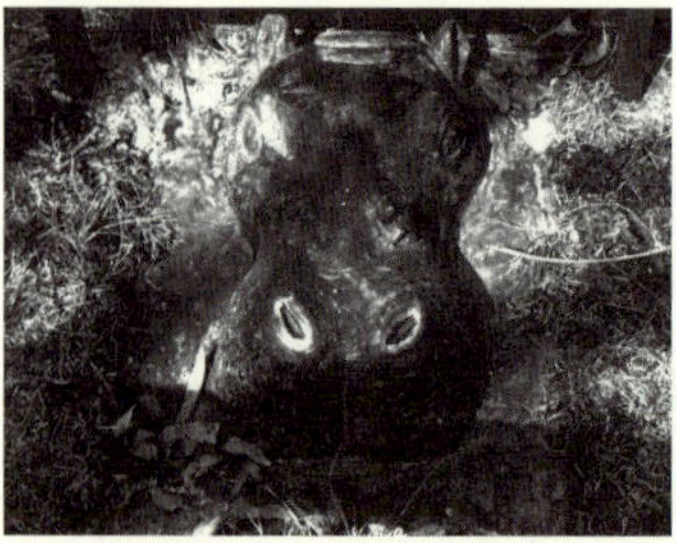

カバの頭（石川デザイン、名古屋・東山動植物園、左:正面、右:側面）

とはなしに、トウが立ってしまう。それをいささか焦慮していたところに、榧木《かやのき》君の尽力により東京委員会の辞令が来た。その時仕事に一つの心残りがあった。それは中川運河の土地が売れないということであった。中川運河の計画も結局、大正耕地整理の試案であったが、いろいろ議論があって結局やることになった」

「私の去るにのぞんで名古屋市民が送別会を開いてくれた。

私は皆の会費を勝手に半分以上巻き上げて、それでブロンズの河馬《かば》の像を東山動物園（現動植物園）に寄贈して左様ならを告げた。それは東山公園落成式の時、大岩市長と私と小学生と記念放送した時、子供達から、河馬を買ってくれと言われたのを思い出したからである。考えてみれば、私の名古屋に残した仕事も河馬の顔だけであったかも知れない」

　東山動物園に寄贈した水面から顔を出した河馬とカエルを組み合わせたユーモラスなブロンズ像は今も同園に残されている（河馬の鼻の頭にカエルが踊るその着想は、石川ならではのユーモアのセンスの極致である。カエルは石川自身の戯画であろうか）。

◇

「何しろ約一五年間名古屋に住み、あらゆる方面に顔を出して、街のために骨身をおしまずに働いていただけに、街の人の人気は大変なものであって、県庁内は勿論、市役所、商工会議所、新聞社、会社、商店等々の人達をはじめ、僧侶、露店商などに至るまで名古屋駅頭はそれらの人達でいっぱいに埋め尽くされた。

『知事さんだって、こんなことはない』と見送りの人達は話し合っていた。彼の得意や思うべし、であったが、そこが彼の彼らしいところで、そうした人達と一緒に騒ぎ立て、誰が見送る人やら見送られる人やら、彼は駅の構内をあっち、こっち駆けずり回って少しも落ち着かず、家族の者を心配させるやら、いよいよ汽車が出発するとなると、窓から身を乗り出して『万歳、万歳』と見送りの人達と一緒になって大きな声を張り上げていた。既に五十歳近く、四人の子供を抱えていた彼、天晴れ堂々たる高官としての彼にして、この限りない童心に私は思わず目頭が熱くなったほどである。東京に出てからの彼の生活に対しては、私は時々地方から上京して彼に会うたびに、『東京は名古屋と違うよ。俺は一介の小役人に過ぎない』とよく言い言いしていた」（『都市に生きる―石川栄耀縦横記』（根岸情治））

これより前の昭和七年（一九三二）、彼は満州事変後の満州国政府都邑《とひ》課長に推薦されるが辞退した。

「愛知時代の最後昭和七年末であったろう。本省の榧木君から呼び出しがあり、満州国政府の都市計画課長に行かないかというのである。

どうしても気が進まなかったが、一応受けて帰り、父に諮《はか》った。父は『ウン』と言わなかった。『行くなら行くがいいが』と極めて煮え切らない返事であった。老年の父に対し、一人子の自分が往復不自由な任地へ行くことは考えなければならない。それでキッパリ止めた」（石川の〝思い出〟から）

◇

東京電機大学教授・都市計画家、西山康雄は記事「石川栄耀……名古屋を構想した人、民間の力借り区画整理」の中で指摘する（朝日新聞、一九九三年九月一七日付）。

「〈石川さんの現れた場所は、区画整理が始まるので、地価が上がる〉

昭和初めの名古屋で、人はこのようにうわさしたという。都市計画家石川栄耀（一八九三－一九五五）は、どのような業績を名古屋の地に記したのであろうか。平成四年（一九九二）九月七日は、ちょうど彼の生誕百年目にあたっていた。石川は啄木にあこがれる東北出身のロマンチストであった。そして東大土木工学科を卒業し、大正九年、名古屋市に赴任した。

石川を待っていたのは、名古屋の急速な郊外化という、新しい都市現象であった。名古屋は、隣接する一六町村を合併し、大きく市域を広げていた。そしてこの新市域を中心に、用途地域を指定し、道路網を整備する必要があった。

日本最初の都市計画法（大正八年）に基づく作業である。公に資金なし。従って公が郊外の道路を整備していくことは難しい。だが、人口増加の中で、早急に道路を建設していく必要がある。当時の名古屋都市計画は、こうした二重の困難におかれていた。そして石川は『少なくも日本の都市計画は、区画整理を離れて一歩も歩きえない。すなわち都市計画においては区画整理至上だということであります』と確信した」

「名古屋市長大岩勇夫の協力、さらに堅実な名古屋人の土地投機熱に支えられ、石川は、東は千種・昭和・瑞穂・南区から西は西・中村・中川区に至るまで、現在の市域のほぼ二割の地に、民間組織区画整理を普及させていった。石川の功績は、郊外に家が建つ前に、これに先行して、計画的に郊外に基盤整備（道路建設）を行った点にある。区画整理事業により、地主に『地価の上昇』というアメを与え、一方の公の側は、幹線道路から住宅の区画道路に至るまで、すべての道路用地を、買収によらず無償で確保したわけである。

名古屋城（現在）

そして東京、大阪に比べてはるかに広大な計画的市街地が形成されていった。石川は、土木技術者が、事業として、区画整理で基盤整備を行っていくという、成長期日本都市計画の原型を名古屋で確立した人物であった。しかし石川にとって、区画整理は、あくまで自らの構想した市街地像を実現するための手段に過ぎなかった。都市計画は快適な居住環境の形成を目的とするものでなければならない。都市は住み続けることのできる（リバブル）ものでなければならない。

反東京・反中央の意地を支えに活躍してきた石川も四二歳にして、ついに名古屋を離れた。おそらくは『思い切り、名古屋で区画整理の実践に努めることができた』という誇りとともに『このまま埋もれてしまっていいのか』と悩んだ末の選択であったろう。実践力とロマンを兼ね備えたプラクティカル・アイデアリスト石川の指導を受けることができた戦前の名古屋都市計画は仕合せであった」

さらに都市計画家西山は論じる（中日新聞、二〇〇〇年四月二七日付）。

「石川は名古屋の地で『街中の本質は人の集う盛り場にあり』というまちのマネジメントの基本原理を発見した。そして敗戦直後、東京の新宿歌舞伎町で実現した。彼の好む四文字は『都市味到《みとう》』。平たく言えば、街中を縦横に歩き、都市ストックを味わいつくすということである」

いずれの石川論も卓説である。長く引用したゆえんである。


〈付録〉

石川栄耀は「都市と文学」を研究した。その成果の一部を『都市創作』（第三巻第七号）で確認してみる。
「〈都市を主題とせる文学〉
都市の低徊趣味的（漱石の造語、知的で趣味的）な味わい方に、旅と文学がある。旅は自分のような忙しい体には無理な方法である。（中略）都市を主題とせる文学。そう云う名義で漁り始めてから二年・三年になるが、然《しか》し紀行や簡単な詩歌なら幾らでも目につくが、真面目な、血の出るような、しかも『都市』の実体そのものに愛憎或いはそれを超えた眼を据えてかかった労作には中々ぶつからない。貧弱な自分の書棚から数えあげれば、（作品の具体的内容の紹介は削除）

- 罪の渦　ゾラ（仏）
- 制作　ゾラ（仏）
- ベラミィ　モウパッサン（仏）
- 巴里　ゾラ（仏）
- 夜ひらく　ポール・モウラン（仏）
- 夜とざす　同前
- ポムペイ最後の日　リットン卿（英）
- 五つの町のアンナ　ベネット（英）
- 即興詩人　アンダーセン（通常はアンデルセン、デンマーク）
- 裸体の女　イバニュエス（スペイン）

（欧米作品以下略）

（日本関係）

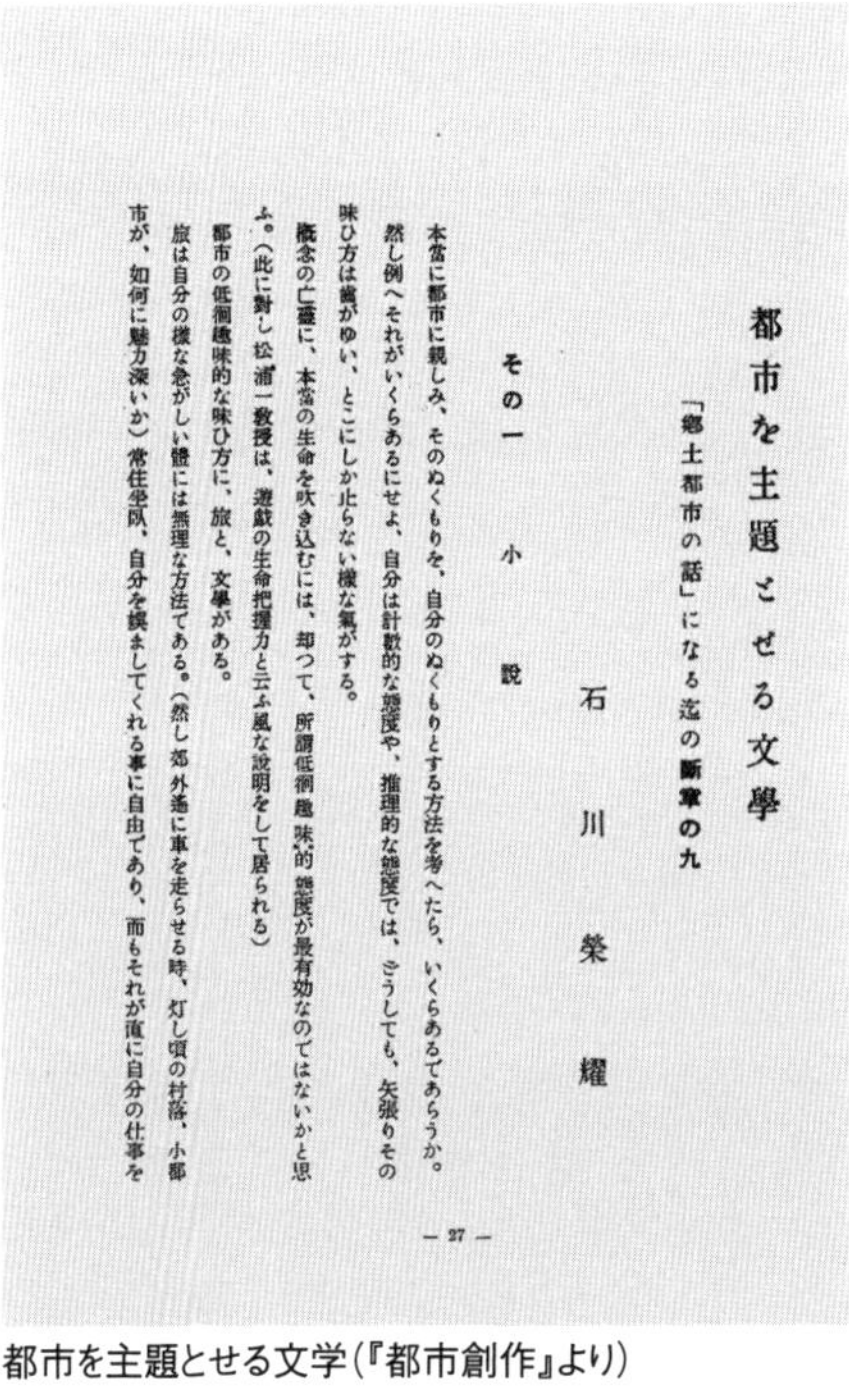
都市を主題とせる文學

「郷土都市の話」になる迄の斷章の九

石川榮耀

その一　小説

本當に都市に親しみ、そのぬくもりを、自分のぬくもりとする方法を考へたら、いくらあるであらうか。

然し例へそれがいくらあるにせよ、自分は計數的な態度や、推理的な態度では、どうしても、矢張りその味ひ方は齒がゆい、とこにしか止らない様な氣がする。

概念の亡霊に、本當の生命を吹き込むには、却つて、所謂低徊趣味的態度が最有効なのではないかと思ふ。（此に對し松浦一教授は、遊戯の生命把握力と云ふ風な説明をして居られる）

都市の低徊趣味的な味ひ方に、旅と、文學がある。

旅は自分の様な急がしい體には無理な方法である。（然し郊外遙に車を走らせる時、灯し頃の村落、小都市が、如何に魅力深いか）常住坐臥、自分を娯ましてくれる事に自由であり、而もそれが直に自分の仕事を

— 27 —

都市を主題とせる文学（『都市創作』より）

・浮世風呂　式亭三馬
・浮世床　同上
・少年行　中村星湖
・再び草の野に　田山花袋
・都会へ　加藤武雄
・魔都　宇野浩二
・大都　細田源吉
・処女の門　十菱愛彦
・都会の憂鬱　佐藤春夫
・田園の憂鬱　佐藤春夫
・東京　上司小剣
・鱧《はも》の皮　上司小剣
・多情仏心　里見弴
・鮫人　谷崎潤一郎
・望郷　土谷義三郎

これらの小説を読んで見て自分はここに次の四つの種類に分ける可きであることを知った。それは即ち、

イ、単に題名を都市にかりたもの
ロ、単に自然科学的に都市を描写せるもの
ハ、作者が真に都市を愛し、その快さや悩ましさを共に感じ描けるもの
ニ、田園人の都市への誘惑を描けるもの（中略）
イ、ロ、ハ、ニが総合されてこそ本当の本格の都市小説である。」
（以下、随筆、紀行文、詩、歌、民謡さらには人文地理学などの学術書を紹介している。彼の多読ぶりがうかがえる）

都市計画家で、専門分野を古今東西の文学の代表作の読解を通じて分析的に論じられる知識人はそう多くはあるまい。まことに博引旁証《はくいんぼうしょう》である。

第六章

防空体制、大空襲そして敗戦

一億坪の復興だ!

「建築と都市計画の最終目的は単なる有用性を超えることであります。
この欠くべからざる目的、それは機械文明に生きる人間に
こころの健康と喜びとを与えることであります」

…………ル・コルビュジエ『伽藍が白かったとき』

フランス人ル・コルビュジエは石川が最も注目した建築家の一人である

フラッシュ・バック……戦時下でも都市の詩情《ポエジー》を追う

戦中から戦後にかけて東京都庁を担当したある新聞記者（全国紙）は回顧する。

「私は、空襲の続く昭和一九年の暮れ、大手町にあった都の分庁舎に道路課長の石川栄耀氏を訪ねた。『帝都改造案』につき、その規模、基本的な構想などを聞くためだった。石川氏は、行政の実施面で、現にその最前線に立ち、かねてから国土計画に一見識を持った人といわれていた。私は、記者クラブに戻って氏の話をまとめ、本社デスクに送った。記事は二〇年（一九四五）一月四日朝刊に掲載された。

石川氏の話の趣旨は以下のようであった。

『この戦争に終わりがないとすれば、この際国土計画を積極果敢に断行する。平時的な計画は、戦争が済《す》んでからでは遅い。空襲で生じた焼け跡を、都市計画的に一定の方式で整理する。幅員一一メートルないし三〇メートルの消防道路をつくる。そして、永久に不燃都市にしたい。省線（現ＪＲ）山手線を環状地帯とし、東京駅を軸に耐弾、耐震、耐火の建築物に全部改める。環状地帯は省線、環状道路などの交通機関または施設で、ひとつの環状系に固めてしまい、その内側を空地の多い住宅地とする。工場は郊外に押し出して数ブロックに間引いて分設、緑地帯で結ぶようにする。都の人口は百万以下、できればその半分に抑えたい。ただし東京をわれらの理想である政治、工業どちらかの『単能都市』として建設するのは困難だ。春日部、大宮、川越、立川、千葉、横浜など周辺一〇都市を選び、一都市の人口二〇万人内外とすれば、二〇〇万人は収容可能である。大規模な人員疎開を実施し、文教施設も、太田、前橋、鹿島、越生《おごせ》、北条（現館山市）、箱根、日光、河口湖、栃木などにそれぞれの地勢に応じて配置する。要するに新しい都市形態は端的に言うならば、経済学者チューネン（ドイツ農業経済学者）が指摘したように、農業と工業が結ばれて、相互に機能的な関係が生まれるようなものでなければならない』」

「石川氏は、道路課長在任中、米軍機B29編隊による絨毯《じゅうたん》爆撃で、全都の過半数の地域を灰にした所要時間を約一〇時間と測定し、思い切った人員疎開とコンバイン（結合）させた主要都市の分散再配置はこの機を逃してないと考えたようだ。

氏は空襲の激しい時でも『都市のポエジー（詩情）』を忘れずに口ずさんだ。『戦争の最初の犠牲者は「真実」である』ともつぶやいた」（一部訂正した──著者）

石川の『帝都改造案』は戦災復興計画の骨格をなすことになる。

（越澤明氏、石田頼房氏、中川義英氏の諸著作や都市計画学会「都市計画─特集石川栄耀生誕百年記念号」を参考とし一部引用する）

◇

昭和六年（一九三一）九月一八日、満州事変が勃発し日本は中国大陸で泥沼の戦争に陥っていく。〝一五年戦争〟突入である。八年九月一六日、石川栄耀は都市計画愛知地方委員会から都市計画東京地方委員会に転勤となった。一三年ぶりの東京であった。都市計画地方委員会は内務省の出先機関であり、その人事は内務省本省が握っている。石川の東京転勤は満州国への幹部技師派遣と関係があった。当初、本省は満州国・初代都邑《とゆう》科長（都市計画課長）に石川を、北満の大都市ハルピン市工務処長（建設局長）に近藤謙三郎（一八九七―一九七五、石川の三年後輩）を予定した。だが石川が満州行きを断ったため、満州国都邑科長に近藤が赴任した。近藤はそれまで都市計画東京地方委員会の主任技師（技術官僚トップ）であり、石川は近藤離任後のポストに異動した。第一技術掛主任技師（のちに第一技術部長）に着任したのである。街路、河川、上下水道などの都市土木全般を担当したが、東京では名古屋ほど区画整理事業が進まなかった。その要因の一つに、地主が土地を譲ることを嫌ったことがあった。

赴任後、彼は首都圏五〇キロ内を対象にした東京緑地計画を北村徳太郎（一八九五―一九六四、内務省公園主任技師）に協力して策定した。だが立案者の立場で指揮を執《と》ることができず、単なる組織の一員になった東京では満州国に赴任しなかったことを後悔する日々だった。

「都市計画東京地方委員会生活九年。結局に於いて、坦々《たんたん》たるものであった。満洲国へ行かなかったことを悔いる日が多かった。照明学会へ出て照明の研究は多少名古屋時代より進んだが、こんなことでは何年つなぎ得ることであろう。後進に対しても、一身上においても行き詰まりを感じたのである。――そこへ『都』が出現し、否応なくそこへ入ることになった」（石川著『余談亭らくがき』）

昭和八年（一九三三）一二月六日、三女圭子が誕生した。

一〇年一月、実兄根岸栄隆と商業都市美協会を設立した。洗練された都市広告の在り方を希求したのである。「美しいもののみが、最大の広告効果をもつ」。石川の持論である。

同年四月、都市計画法改正により都市計画の目的に「防空」が追加された。これ以降一〇年間は戦時下の防空都市計画の時代となる。「東京において石川栄耀独自の構想やイニシアチブにより計画立案が開始されるのはこのときからである」(越澤明氏)。防空都市計画は郊外と都心における新たな計画として立案され、やがて東京全域の改造計画、関東地方計画となる。その後、彼は「大東京地区計画」を発表する。一〇年一一月四日、末娘となる四女玲子が誕生した。

◇

昭和一三年(一九三八)、日本軍は上海占領後上海復興について検討を始めた。同年三月内務省は陸海軍の依頼を受けて技術者グループを「軍特務部嘱託」として派遣した。この技術者グループは港湾関係技師が中心だった。軍部は内務省に都市計画の専門家集団を派遣するよう要請し、これを受けて都市局長松村光磨は、同年五月から一一月までの長期間、都市計画課長中島清二郎をはじめ石川栄耀(土木)、吉村辰夫(建築)、木村英夫(造園)ら一二人の専門家集団を送り込んだ。内務省から直接専門家集団を中国に派遣するのは初めてであった。

「帝国陸海軍は西太平洋上で英米軍と戦闘状態に入れり」。朝のラジオの臨時ニュースは叫んだ。ついに運命の日が来た。一六年一二月八日、日本は無謀な太平洋戦争に突入した。

この年四八歳となった石川は『日本国土計画論』(八元社)・『防空日本の構成』(元天社)・『都市計画

石川著『都市計画及び国土計画』（名著のひとつ）

太平洋戦争勃発

及び国土計画』（産業図書）を、翌一七年には『戦争と都市』（日本電報通信社）・『国土計画の実際化』（誠文堂）・『国土計画―生活圏の設計』（河出出版）をそれぞれ刊行する。多忙な公務のかたわらで年間三冊の図書を連年刊行するその才気には感服するしかない。一連の構想計画はのちに首都圏整備計画に盛り込まれていく。

『都市計画及び国土計画』の「序」で石川は語る。

「社会に対する愛情　これを都市計画という」

「新しい幾つかの都市を見ている中《うち》に自分の頭の中に大きな変化が起こった。それは『都市計画』は『都市計画者が都市に創意を加えるべきものではなくして』それは都市に内在する『自然』に従い、その『自然』が矛盾なく流れ得るよう、手を貸す仕事である――という理解である（これに自分は「生態都市計画」と言う名を与えたいという気がしている）」

一七年二月、兄根岸栄隆が学術図書『鳥居の研究』（厚生閣）を刊行した。「民族固有の信念」の解明を神社の鳥居のいわれや形体などから分析するという独創的な民俗学的研究書である。東京の出版社は弟栄耀が紹介した。

◇

日本軍は上海の租界地（米、英、仏の三国が行政権を握っていた）に武力進駐した。翌一七年五月、興亜院（対中国政策の政府機関）は上海都市建設計画要綱を改定することとなり、石川は同年夏、興亜院の嘱託となり、再度上海で都市計画立案作業に取り組んだ。

「公務としては都市計画のために上海に二度渡った。一度は昭和一三年、リーダーは中島都市計画課長であった。コレラが流行して非常につらい滞在であった。第二回は興亜院から呼ばれたので、私がリーダーで、鉄道やその他の専門家を連れていった。

第一回の上海は軍属というわけでもなく変な曖昧なままに出掛け、上海都市計画をやったのである。黄浦江に入る頃から飛行機が迎えに来て、異常な緊張であった。その時迎えた折下さん（人物不詳）が、好く言い言いした。『何しろ驚いたよ。皆紫の袋に入れた軍刀を捧げて来たんだからね』然《しか》し、着いたその夜は凄い月夜であったが、どことも知れずパーンというピストルの音が聞こえた。又、その数ヶ月後であったが、私は下痢で出掛けなかったが、ある夜支那側から招待されて、宴終わって当方客側が戸外に出るや否や、機関銃の掃射で支那側大官が暗殺されたことがあった。

又コレラ犠牲者が毎日大変な数で出た。それでその死体を焼くわけであるが、その処理を請け負っている支那のボスが、面倒くさいというので、死骸を皆黄浦江へぶち込んだ。それが丁度、水道局の前の川を流れてゆく。我々の飲料水はそこから採っている。それを聞いた時、まったく助からないと思った。同行の若い者は、暑さと退屈で参ってしまい、ダンス等をやり出した。と言うのは、日本人は簡単に支那側区域に入れないのである。危険であるし、入らない方が良いとされていた。私は毎晩三つ位の映画館を回っていたが、仕舞に支那劇に興味を持ち、毎夜危険を冒して単身支那劇を見に行った。行き帰りの心配もさることながら、『スリルの味』は又格別であった。それから最も弱ったのは、都市計画が中々出来ないことであった。二か月、三か月、一向に進行しない。『これは帰れんぞ』となった。

◇

計画は、結局一本か二本の道路をやっただけで御終になったように聞いている」（石川著『余談亭らくがき』）

軍服姿の石川（上海時代、左）

上海都市計画図と石川（石川家提供）

昭和一八年（一九四三）七月一日、東京都が誕生した。石川は東京都計画局の幹部技術職員（技師）となる。太平洋戦争は敗戦に向けて傾きかけていた。東京都発足は戦時下にあって、府と市を統合して行政事務を統一し、特に首都の防空を総合的に整備してその万全を期するという時局の要請に応えたものである。首長（今の都知事）も官選制とし、これを官吏である都長官とした。首都の行政に対する国の統制を強化したのである。

「東京都に入るやそれまで部長等と言っていたもの（内務官僚）が、いきなり課長の下の係長の下に入れられてしまった。仕事どころの騒ぎではない。――この気持ちをどうする、というところである。

いよいよ覚悟の上の立ち往生と言うことになった。

――それは、前から都市計画を一生の仕事にするは好いが、立往生のプロバビリティ（可能性）が多い。私はそれをやってみる。若《も》し私が倒れたら後の人は気をつけると言い言いした。その時が来たというシーンとした感じであった。

そうしたところへ突然、級友岩岡河川課長が死に、私は道路課長に補された。今までの道路課長が河川課長に回り、妙なことだがこれが転機になった。数か月して勅任官になった。『人の子』として多少なりとも胸を撫《な》ぜざるを得ない（内務省では勅任待遇にすることとさえ惜しんだ）」。（『余談亭らくがき』）

上意下達を原則とする役人の世界は階級がすべてである。内務省の出先機関である都市計画東京委員会の技術部長が、東京都の係長に配置されてしまった。石川はこの「降格人事」にひどく打ちのめされた。だが同年東京都河川課長の逝去に伴い、道路課長が河川課長に異動したことから、石川は道路課長に座ることになってひと安心した。

◇

石川は、公務多忙の中で、昭和一八年六月、母校東京帝大第二工学部土木工学科の「国土計画及び都市計画」の講義を担当するよう要請され、同年九月一〇日から非常勤講師として教壇に立った。彼は教壇に立って学生に語りかけることが好きであった。教育者の資質を備えていた。

最初の講義で石川は「文化は決して伝統を飛躍しないものである」と述べた。東京帝大第二工学部は昭和一六年に西千葉の田園地帯に創設された。同学部は戦時下に開講された戦時体制を色濃く反映した「不遇な生まれ」の学部であり、その宿命ゆえに戦後廃止となる。今日姿を消した第二工学部について、東大名誉教授・河川工学者高橋裕《ゆたか》著『河川を愛するということ』（山海堂）の「敗戦を挟んで光芒《こうぼう》を放った東京大学第二工学部」より引用する。

「東京大学第二工学部は、筆者の母校である。一九四七年入学一九五〇年卒業、その後五年間、大学院生として西千葉キャンパスに籍を置いていた。今振り返ると、筆者の工学と河川技術体験は、多くの同業者の主流やエリートの方々とはかなり違うようである。その根源は第二工学部にあると考えている。（中略）そこでの教育は本郷の第一工学部とはかなり違っていたことが、一九五五年秋に勤めてから徐々にわかってきた。

まず環境が著しく異なる。本郷は、周知の通り、旧加賀藩邸に荘重な建物が林立し、明治以来の先達の銅像が象徴する伝統に満ちたキャンパスである。方や二工はわれわれが『西千葉砂漠』と名付けたように、春は砂塵が舞い上がり、ノートはたちまちシルト(砂泥)で茶色になってしまう田園調である。一九四一年の戦時中の開学であるから、木造の簡易なバラックであった。過半の学生は近くの学生寮から通ったが、周辺には歓楽街も古本街(当時学生にとっては重要な存在)もなかった。本郷から第二工学部に移った福田武雄教授が熱意を込めて、現場から教授陣を集めて組織づくりをしたため現場に即した教育に徹したのが、両者の教育の大きな違いになった。(中略)第二工学部は、一九四一年戦争協力の技術者養成を目的とした開学であったため、一九五一年、戦争協力を理由に、工学系教官の強い反対にもかかわらず、大学自身の決定により廃止されたが、この特異な学部が歴史の舞台から去ったことはまことに残念である」

同校は房総半島の裾野に連なる丘陵地の畑の中にぽつんと立つ校舎で、付近は芋畑が広がっていた。

話術に長《た》けた石川の講義は、博覧強記なうえにユーモアたっぷりで知的刺激にみちていた。土木工学科以外の学生も受講に押しかけ、教室は常に大入り満員だった。石川は、その後東京美術学校(現東京芸術大学)をはじめ早稲田大学や芝浦工専など私学の非常勤講師も嘱託され都市計画を講義した。

◇

「空襲必至と言うのである。防空計画が始まり、それと同時に都市計画は特に内地の都市計画は下火になり出した。都市計画どころの騒ぎではないと言うのである。

そこで、一つは都市計画陣営を守る必要もあり、二つには戦火に見まわるべき生命財産を防護するため、都市計画も又動員さる可《べ》きであると言うので、都市計画防空の研究を始めた。結局、これが奇しくも英国式都市計画の都市空地化及び疎開の技術と合致するのを見出し、名乗りを上げたのである。これが戦後、ある方面から戦争協力者扱いされたのであるが、このくらい愚かな見方はあるものではない。戦争を企画し、歓招《かんしょう》したというならとにかく、それは問題の都市に集中している生命と財産を防護するのに何のはばかるところがあろう」

「戦争は既に始まってしまったのである。戦争は坂を下りつつある石なのである。こうなった以上、政治家にあらざる技術人としては、ただひたすら戦勝を望み、たとえ勝利に到らぬまでも、最小の犠牲において終われかしと冀《こいねが》わぬものはあるまい。もししからざる人ありとすれば、それは木石か、狂人か、嘘つきでなければならぬ。勿論そうした場合、国を挙げて興奮状態にある以上、防空計画従事者の言動に多少の逸脱はあったかもしれない。然しそれは心理上許される範疇である。戦後に到って反省されるような冷静な態度は、恐らく少しも透徹した本質的な哲学者にあらざる限り、『あの場合』とり得るはずがない。自分は戦後のある会議で『この中にも大分問題になる人もあるはずだが』とあたりを見回して、したり顔をしていた技術者の顔を見て、〝救いがたき〟と思ったのである。

戦争中のその人の行動を反省してみるがいい。むしろそう言う人は、アメリカ来たれば直ちに親米、中共来たれば又これに尾を振る性格であるに違いない。笠信太郎氏（朝日新聞記者）がヨーロッパ通信の中でヨーロッパ人が日本人の性格として、極めて権威に盲従的な民族であると言ったのは、かかる人をさしたものと思うのである（それにしてもよく尾を振る民族である）。

×

都市計画の防空時代は来た。そしてそれは元来疎開及び防火建築を主体とすべきものであったが、防火、水利その他にも及び全面的に掌握するようになった。その中に、土木的緑地系統のものは専ら租界に集中し、建築系統は防火改修を強調した。これは変な話だが、お互いに自家の説を強調し相手をそしりあった。

しこうして、その争論の対象となったのが、東京の防空計画であり、防火建築側の先頭に佐野利器《さのとしかた》博士（東大教授、建築家、一八八〇－一九五六）、疎開派は立案側というわけで自分が論戦を張った。然るにこの実績は誠に妙なことになった。数度の空襲において防火建築も疎開もない無残な戦災ぶりとなった。ただ疎開道路の一〇〇メートルのものは避難道路として役立った。それから防火、水利関係の仕事であるが、これも何の役にも立たなかった。

×

要するに防空計画は、防空上はほとんど大して効果を示さなかったと言うより仕方がない。（中略）少なくもその副産物となった市内の緑地、地方の大工場等、今日何人が非難を加え得よう。むしろ今時戦争に対する全マイナスの中、これだけがせめて後世へのプラスであったと言えようものである」（石川著『余談亭らくがき』）

首都東京でも都市計画は防空一色となる。広幅員の防火線を設け、それによって都市をブロックに分けて延焼を防ぐという非常時の緊急策がとられる。このために実施されたのが拡張のための家屋の強制撤去である。青山通りなど各地で実施された。この街路の広幅員化は戦後各地の戦災復興事業にも引き継がれるが、鉄道沿いのそれは計画通りには生かされなかった。渋谷・原宿間に残る宮下公園がその例である。

沿道家屋の撤去と同時に東京では市街地を取り囲む大緑地が計画された。それは防空とスプロール防止を兼ねた東京の緑地計画だった。六大緑地が指定され買収された。その一部は戦後に近郊大公園の遺産として残った。水元《みずもと》公園、小金井公園、砧《きぬた》緑地などである。

◇

昭和一八年（一九四三）に『国土計画と土木技術』（常盤書房）と『都市の生態』（春秋社）をそれぞれ刊行した。

石川は『国土計画と土木技術』の「序」で「特に」と断って強調する。

「〈数学のない工学〉

技術部門特に土木部門の人々にこの書を贈るについて、つくづく申して置きたいことがある。

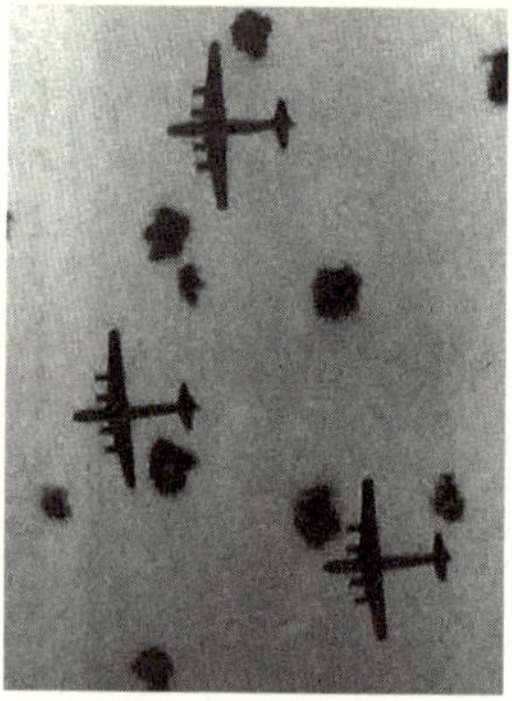
東京を空襲するB29編隊（石川撮影）

それは国土計画、地方計画、都市計画の分野に公式と計算がないことである。見様によっては、いささか児戯に等しい図面の過穴（意味不明、「過大」の誤記か）な世界である。然し、この分野は初めからそういう分野なのである。

数学が出るところまで行っていないと言うか、数学を要しないと言うか、数学の上にあると言うべきか。いずれにしても之《これ》でいいのである。

それなれば、これは学問ではないか。それに対しては答えを知らない。天文学に並んで哲学も学問である如く、数学のない世界にも学問はあると、敢えて他を以て答えとなすより仕方がない。ただ幸い『技術哲学』の著者（三木清氏）は『国土計画を初め種々の社会技術は技術の社会化と言う理念によって新しい文化の様式を創造してゆくことが出来るであろう』と述べてくれている。この文章の中に『計算の上にある世界』を感得していただければよいわけである。

何はともあれ、国土計画は男子一生の仕事であり、世界をあげて論議し、実践し、修正し、推し進めつつあるのである。こうした数学のない工学にも興味を持たれんことを望む。むしろ、数学のない工学に、興味を持つことこそ技術人の『今日の必要』の一つではないかと思うくらいである」

また同書の「土木技術の国土計画的編成」の章の中で、国土計画の上から問題点を指摘した上で、研究面の不足、企画面の不足、上部部門との連絡の不足、他部門との総合の不足が論じられている。

「研究面としては大学においてすら国土計画に関する講座なきは如何《いかん》とするか。又各省の研究所においても国土計画部門の研究は完全に着手されていない。之《これ》は理論としては当然国立の国土計画研究所の設置を俟《ま》つべきであるが、その暫定期間の処置としても、各研究所の国土計画部門の研究が進められてほしきものである」

◇

石川が刊行した著書『都市の生態』から彼の思想を伝える文章を引用する。

同書の「序」に「この書の刊行をおすすめいただいた土岐善麿《ときぜんまろ》氏に謝意を表したい」とある。歌人土岐善麿(一八八五-一九八〇)との交流があったことをうかがわせると同時に、石川の交友範囲の広さも改めて知ることができる。

「(欧米の都市計画の)『見られたる夢』の多くを閲《けみ》すると、そこに二つの流れがあることが感ぜられる。その一つは言うまでもなくメトロポリタンへの憧れであり、他の一つは小都市論、即ち農村生活への郷愁である(ハワードもオーエンもそれである)。

恐らくこれを難しく論ずるならば、前者は資本主義的なものであり、後者はその逆の陣営(社会主義者)の希望であるとでも言うであろう。そして言うまでもなく、そのいずれにも浪漫的なものがあり、これが多分に議論を行き過ぎさせている形跡が見えないでもない」

「『ニューヨークでいい』しかし『これに空気と日光を入れ自動車を走りよくせよ』と言う一応男らしき主張。この選手がフランス人コルビュジエである。」

空襲で廃墟となった銀座

「問題は、いかにして、これ（小都市）に『大都市』の文化価値を与えるか――である。その方法を、簡単に種を明かしてしまうならば――今ここに大東京があるとする。それを取り巻いて五〇キロの半径を考える（川越、千葉の円）。大東京七〇〇万（横浜を入れて）の人口をこの中にばら撒く。旧市内などもどしどし農業地ないし大公園で穴を開け、旧市内を人口一〇万の都市一〇ぐらいにしてしまう。そして押し出された人口を川越や岩槻や相模原へ、それぞれ人口一〇万ぐらいずつ割当てる。もっともそのままでは困るから、お互いの道路や都心への交通機関を十二分に整備し、どこに行くにも一〇銭以内の料金とする。そして端から端まで最大一時間以内で行けるようにする。（中略）その実践的規範となっているドイツの国土計画は国防上、国民健康上、大都市の存在を許さない」

「近日の都市計画は、都市でもなく村でもなく、都市と村の融合せるもの、強いて文字を探すなら『郷』であり、郷こそは一〇〇年後の都市の相である」

「都市計画は都市土木工学でもなければ、都市建築学――精々総合緑地計画――でもなんでもない。況《いわん》やそれは行政常識の応用問題といったような他愛のないものではない。都市計画はあくまで都市という現象体（それは社会学、経済学、国防科学等の総合対象であるべき）の計画である。

従ってそれは都市現象学の専門家に属する技術でなければならない。そのような専門家が育成されたであろうか。恐らくはこれは日本のみならず世界においても『未だ』であろう。正確なる学問のない分野に何で信念が生じよう。よい成果の期待出来ようはずがないではないか。結局において、何としても都市計画研究所の官設は強調されなければならない」

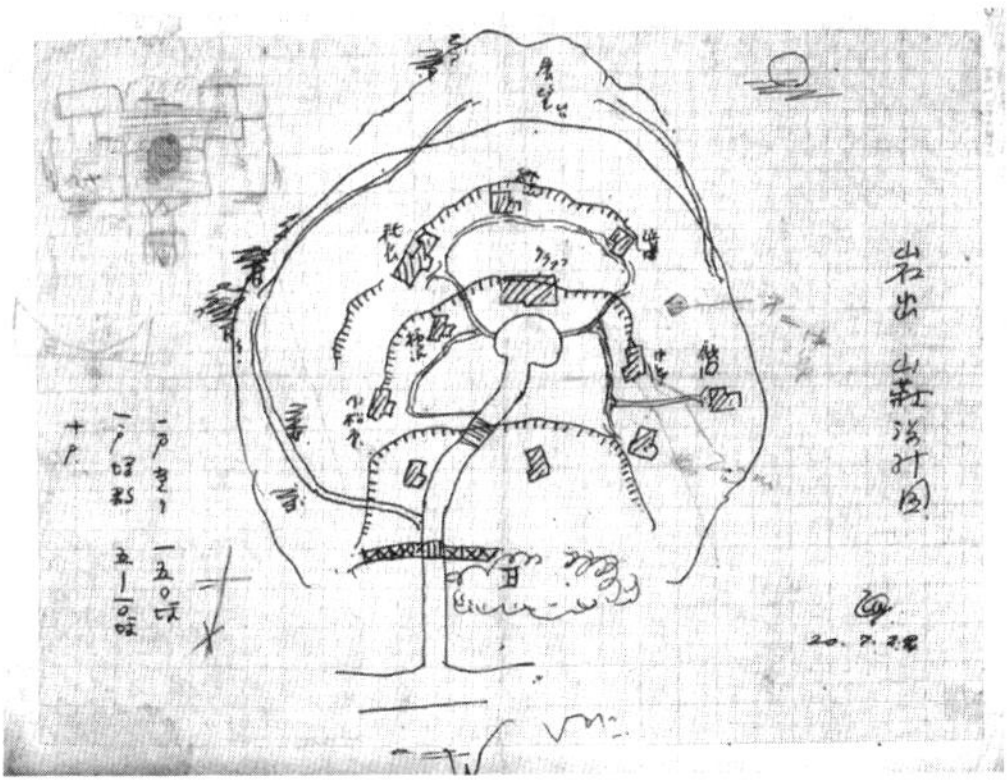

岩出山荘設計画（石川筆、今野博氏提供）

「都市の盛り場の必要性――都市とは何であるか。人間同士が暖かく共同で一家を成す大家族が即ち都市であると私は考える」

有事である戦時下の高級官僚の発言とは思えないのである。古典的土木工学への決別であろうか。

終戦直前に石川が描いた「岩出山荘設計図」が残されている。義母あさや家族が知人の紹介で疎開していた栃木県栃木市の西部丘陵に構想したもので、丘陵を開発した緑豊かな「田園都市」である。構想は実現しなかったが、これが縁で彼は栃木市の町づくりに協力することになる（現在、この丘陵は県立栃木工業高校の敷地となっている）。

◇

昭和一九年（一九四四）一一月に開始されたアメリカ軍爆

石川夫妻と6人の子どもたち（東京・目白の自宅にて、昭和19年夏、石川家提供）

撃機による空襲は、しだいに無差別攻撃となった。東京都はすさまじい空襲の被害を目の当たりにして、建物疎開は不十分であると判断して、急遽第五次の建物疎開を実施した。二〇年三月一〇日、東京大空襲によって帝都東京は一面焼土と化した。三月一〇日の東京大空襲は、わずか二時間二二分の間に米軍機三〇〇機が来襲し、約二〇〇〇トンの焼夷弾が投下された。これによって、下町を中心に、少なくとも不明者七〇〇〇人を含む一〇万人以上の死者が出て、負傷者は二三万人を超えた（石川は実母里ぅら近親者を失った）。三月一九日、臨時都議会はさらに徹底的な第六次疎開を実施するため、昭和一九年度追加予算一九億六五七三万円を議決した。

東京大空襲の後は、被災地に踏みとどまろうとする住民は焼け残った材木や焼けトタンで小屋がけをしたり、半地下壕式の住宅を作って仮住まいとせざるを得なくなった。

東京への空襲はその後も続き、四月中旬から五月末までに東京南部と山の手の大規模な空襲も含めて九十数回を数えた。その結果、東京の物的被害の総額は一二億円（当時）に達し、二六万棟の建物が焼失し、罹災面積は四八〇〇万坪（約一五八・七平方キロメートル）にのぼった。この東京の罹災面積は全国罹災面積の四分の一を超える二六・八％で、二番目に被害の大きかった大阪の一二・一％の二倍強にあたり、災害規模は全国第一位であった。また罹災人口は合計三一五万人を数え、東京の総人口の四七％を占めるにいたった。焼け跡のどこからも富士山がくっきりと見えた。

東京の戦災を大正一二年（一九二三）の関東大震災の被害と比べると、罹災面積は震災の四・八倍、罹災人口は二・三倍、罹災戸数は二倍にあたる。東京はいかに罹災復興の経験を持つとはいえ、戦災復興はそれをはるかに超える規模でなされなければならなかった。

同時に、空襲による破壊は、都市計画家に理想的な都市再建の可能性を与えたかに見えた。巨大な廃墟になった東京の復興計画を作成した中心人物が、昭和一九年一〇月東京都計画局都市計画課課長兼務となった石川栄耀である（戦後、都市計画課長専任となる）。

「東京の工場疎開と疎開による新しい集落地帯の都市計画や都市整備に対して、彼と私（東京商工会議所調査部長代理）とはよく地方に出向き、土地の有力者を集めては講演や懇談をし、直接現地の指示などをしたものである。彼は酒も煙草もやらないので、漫然としている時間がほとんどなかった。

空襲の最中、ある地方の工業都市で、小さなジャガイモのふかしたのを飯代りに食いながら、旅客を全く泊めなかった大きな田舎の宿舎の片隅で幾夜も明かしたこともあった。東北のはずれの海に面したある町で、しきりに雪の降りしきる一月初め頃、ウミネコの不気味な鳴き声を聞きながら、真っ暗な陰気な宿の一室でたった独り、寒さのために冷え切った身体を縮こませて、荒っぽい宿屋の女主人にどなられ、薄暗い明かりの下で次の日のプランに余念がなかったこともあった」(『都市に生きる―石川栄耀縦横記』(根岸情治))

一九年に『皇国都市の建設』(常盤書房)と『国防と都市計画』(山海堂)をそれぞれ刊行した。軍国主義の煽動からほど遠い戦時下の都市計画論である。この後、終戦までは図書は刊行していない。

◇

昭和二〇年(一九四五)六月、政府は緊急住宅対策要綱を決定した。主要都市の官公庁、工場など重要施設を確保すべき戦災地区では「戦時住区」を設定し、戦時緊急人員の生活施設を整備し、一部、地方に転出した戦災者や疎開者を呼び戻すという政策を打ち出した。東京都は帝都戦災復興本部を設けて、戦時住区推進に取り組み出した。だが現実は厳しく、焼けトタンの家畜小屋のような仮住宅が林立するだけだった。その戦時住区の計画と建設を指揮する石川都建設局都市計画課長のもとに終戦直前の一九四五年八月一〇日、東京都次長児玉九一から緊急呼出しの連絡が入った。

「都市計画課長としては戦時住区を考えた。戦災で灰になった跡に一時土地の所有権を停止し、仮小屋計画を建て、これに生活をさせようというのである。その計画を実施に移す段取りになって——意外なことが起こったのである。

それは八月一〇日であった。

自分は西千葉の東京帝大第二工学部へ教えに行く可《べ》く、秋葉原へ出たら空襲に会ったので帰った。そしたら役所では児玉次長が今朝から私を呼んでいたと言う。そこで方々探した末、やっと次長を尋ねたら会議中であったが、つと離れて私を影に呼び、

『君。戦時住区は止めだ。スグ復興計画にかかり給え』

『どうしたんです。戦争は』

『負けたよ』

これには正に雷霆《らいてい》に打たれた思いであった。勝つとは思えない。勝つとは思えないが、相打ちにはなると思っていた。現に大陸は占領したままではないか。又、海の上だとて小さな島をやられているだけである。どこが負けたのだろう。そこへ『負け』である。全く脚下の大地崩れる思いであった。とまれ、部屋に帰り、〃復興計画だよ〃と下命した」（石川著『余談亭らくがき』）

廃墟と化した東京（『東京百年史』より）

「雷に打たれた思い」の石川は、都市計画課の部屋に帰り、部下に復興計画の策定開始を指示した。こうして東京の戦災復興計画が敗戦の数日前に開始された。

彼は敗戦の衝撃に茫然自失している大学の教え子を前に叫んだ。

「栄枯盛衰は世のならいだ。日本は決して滅びはしない。これからの都市計画は一億坪の復興だ！」

首都東京改造の最大チャンスの到来と考え自らにも言い聞かせたのである。敗戦国の国民は売り食いで生活をしのぐどん底の「たけのこ生活」を強いられ、「一千万人餓死説」が公然と流布していた。

◇

明治期以降、第二次世界大戦までの東京の都市計画は、日本における都市計画の発展を具現していたといっても過言ではない。なかでも、東京を近代国家の首都にふさわしい都市に改造しようという試みであった市区改正（一八八八－一九一八）や、未曾有の都市災害である関東大震災（大正一二＝一九二三）後の復興計画は、日本における都市計画の制度や技術の進展にも多大な影響を及ぼした。これらの大事業は、実質的には国家事業として行われ、それ故に可能となった。だが同時に、国家による予算削減のため所期の目的を果たすにはいたらなかった事業も多く残った。皮肉なことに東京大改造を試みる機会が、第二次世界大戦の敗北によってもたらされることになった。東京への大空襲による大規模な都市破壊が、その復興の検討を必然化した。

石川は、単なる都市計画テクノクラート（技術官僚）の一人だったとして片づけられる役人ではない。石川による復興計画は、当時の都市計画の〝夢〟を具現したものだった。石川は、敗戦翌年の昭和二一年（一九四六）一〇月に出版された著書『都市復興の原理と実際』（光文堂）の中で書いている。

「戦災で焼かれた土地の面積は全国で一億五〇〇〇万坪（約四九五・九平方キロメートル）である。その中五〇〇〇万坪（約一六五・三平方キロメートル）が帝都である。今、日本の都市計画技術者の責任は、いかにしてこの焼土の上に都市を再興するかにある。かつて英国の衛生大臣が『都市は紙でできていたら好かった。そうすればその都市がその時代に合わなくなれば、スグ焼いて建て直せる。石造や鉄筋の都市ほど厄介なものはない』と嘆じたそうである。我々は正にその焼いて建て直す時に面したワケであるが、それだけに又、今作り損なえば永久に責任を負わねばならぬことになる。責任の重さが痛切に感ぜられる。……今、我々の直面している運命も考えようによっては、『どの家のどの部屋にも太陽の光線』をあて『どの家のどの庭にも生鮮蔬菜《そさい》を栽培』させようとする、都市計画百年の要望を一足飛びに実行し得る機会を与えることにもなる。これは百年の理想を持ちながら都市全焼の機会のないものには望んだとて得られない機会なのである。……後世幾百年の子孫は敗戦をせめることを忘れ『焼けて好かった』をくりかえしてくれることだろう」

東京の復興計画の目標として石川は、「〈主目標〉、都市能率高き都市、とりわけ生産能率高き都市、観光価値のある都市、文化創造に適応せる都市、生鮮食糧の自給度高き都市、心身の保健化に適応せる都市、特別目標、政治の総中心なる都市、副目標、人口問題なき都市、交通問題なき都市」をあげた。だが、「本計画が焼跡に樹立し得る大いなる自由性を有すると同時に、逆に敗戦による弱き国力と貧しき資材によらなければならぬことを条件とすることは忘れてはならぬことである」

とも書いた。廃墟に都市計画をたてる「自由性」と財政の逼迫による「非現実性」という復興計画の矛盾が、早くも露呈している。こうした矛盾を抱えたまま東京の復興計画の大車輪はきしみながら回転し出した。

石川が描いた理想的な復興計画は具体的にはどのような内容だったのだろうか。それは、石川の都市計画の集大成であり、日本の近代都市計画の発展の中で、戦時と敗戦の都市計画という「負の宿命」も色濃く反映せざるを得ないものであった。

◇

「彼は妙な神がかり的意見で『目白は絶対に空襲を受けない』と頑強に主張し、長い間かかって苦心して集めた貴重な書類や資料なども疎開させずに置いてあったのを、昭和二〇年の四月一三日には、目白駅以北の約二キロ程度の範囲を焼き尽くされ、書庫いっぱいにつまった蔵書をすっかり失い、ブスブス煙の立っている書庫の前に立って、放心したようにいつまでもいつまでも立ち去れなかった彼の痛ましい姿を、私はいまだに思い浮かべることが出来る。彼は道路課長を兼務し、オート三輪に乗って、自分の家を顧みるいとまもなく、昼も夜も東京中を駆け回っていた」

「終戦になった。誰も彼もが虚脱状態に陥り、大東京は焼け野原のままその後始末に手をつける元気もなく、惨憺たる泥棒猫のような日常生活が、アメリカ軍の進駐と様々な非道な流言の中に不安な数か月を過ぎ去らせてしまった。

或る日——そろそろ国民全般が混雑した自己の感情を取り戻し始めた頃——突然彼は私の所に

やって来て『大東京の復興都市計画の懸賞募集をやってみないか』と言い出した。『東京都が直接やるというわけにはいかない事情にあるから、商工会議所が主催になって、少し金を集めてやったらどうか』と言うのである」（『都市に生きる―石川栄耀縦横記』（根岸情治））

都内の六大緑地が農地解放の対象とならずに残り、イギリスのグレーター・ロンドン計画に倣《なら》うグリーンベルト（緑地帯）と指定されていたならば、東京は現在よりはるかに緑の空間に恵まれた大都市となっていた。これら戦後に放棄されたグリーンベルトは、昭和四〇年代の高度成長以降〝ニュータウン〟として開発された。多摩ニュータウン、港北ニュータウンが政府主導によって計画され建設された。一方、多摩田園都市が東急（民間会社）の新線建設に伴って開発された。

第七章

戦災復興計画、GHQ、孤独な戦い

どの家のどの部屋にも太陽の光線を!

かのキリシタンの徒を憶《おも》う
「信仰」と云う事　美しき哉《かな》
×
どくだみは
まことわれらが生ににて
ただいたずらに白う咲きける

……………石川作の詩

都市！　それは、人間による自然の把握である。
それは一つの創造である。

…………ル・コルビュジエ『ユルバニスム』

フラッシュ・バック……米軍占領下の廃墟の中で

「ＧＨＱ民政局から、都心に残されている大量のガラ（瓦礫《がれき》の俗称。残骸、残土）をいち早く排除して都市計画を提示せよ、と矢の督促なのだ。そこで掘割や河川をガラの捨て場にして埋め立てれば、ガラの排除と用地取得の一挙両得になる。ＧＨＱに〝ＮＯ！〟は言えない。直ちに取りかかって欲しい」

東京都知事室で知事安井誠一郎は、机に向かって椅子の先に腰かけたまま目の前に立つ都市計画課長石川栄耀に眉《まゆ》を吊り上げて命じた。石川は、学生時代から江戸前の風情をこよなく愛し、寄席に通って古典落語の世界にひたり、下町を散策してわずかに残された江戸情緒に親しんできた。その情緒を伝えるものが都心を流れる掘割や河川であった。都会の水辺の必要性を誰よりも訴えていたのが他ならぬ都市計画家石川であった。都会の水辺や緑の空間は是非《ぜひ》守りたいと願ってきた。

「掘割や河川を埋め立ててしまいますと都会の美観を大きく損ねてしまいます。水辺公園（リバー・サイド・パーク）が生まれません。防災上問題を残します。しかもガラの排除には国からの補助金も出ないと聞いています」

石川は賛成しかねるとの信念を強調した。

「君、そんな悠長なことを言っている場合じゃないんだ。ＧＨＱには逆らえないことくらい君もよく知っているだろう。すぐ対応してくれたまえ。またＧＨＱは新たな都市計画を都民に積極的にＰＲしろとも命じている。何かいいアイディアはあるかね」

「『二十年後の東京』という啓発用の映画を作成し都内の映画館で上演したいと考えています。台本《シナリオ》は私が作ります。映画ほど民主主義を国民に徹底させるための広報活動はないとＧＨＱは考えているようです」

敗戦直後の東京には、空襲のために破壊された建物の残骸が至る所に山のようにあった。それを処理するのに、内務省都市計画東京地方委員会は「不用河川埋立事業計画」との都市計画では予想すらできない事業を決定した。これはトラック一六万台分と言われた焼け跡の残骸を知事安井から「事業費なしで処理せよ」と命じられた都市計画課長石川が、やむを得ない〝例外措置〟として考え対処したものだった。大量のガラを川に投棄して埋立て、出来上がった土地を売却し事業経費に充てるという非常時ならではの奇策であった。

（都市計画学会「都市計画─特集石川栄耀生誕百年記念号」、鈴木博之『都市へ』、『戦災復興の日英比較』などを参考とし一部引用する）

◇

昭和二〇年（一九四五）八月一五日、太平洋戦争は昭和天皇の玉音放送によって終わりを告げた。「耐えがたきを耐え、忍びがたきを忍び……」。敗戦国の民衆を襲ったのは飢えと虚脱感、それにささやかな解放感であった。戦災による犠牲者は約一八五万人、領土は戦前の四〇％を失った。日本は北海道・本州・四国・九州の四島に押し込められ「三等国」に転落した。八月三〇日、ＧＨＱ連合国軍最高司令官ダグラス・マッカーサー元帥が愛機「バターン号」で厚木飛行場に到着した。日本が初めて体験する「無血占領」と「間接統治」の始まりであった。

焼け野原になった東京の復興計画を作成した中心人物は石川栄耀である（彼は敗戦の年の一一月、東京都計画局都市計画課課長専任となる）。彼による復興計画は都市計画の理想を表現したものでメディアも活用して都民の理解を求めた。復興計画の作成が石川を責任者として「夜に昼をついで」（石川）敢行された。彼にはゆっくり食事をとったり自宅に帰る時間的余裕が許されなかった。計画案の準備は戦時中に十分なされており、その概要が世に示されるのも驚くほど早かった。

マッカーサー元帥・厚木に降り立つ

東京都は、敗戦後二週間もたたない二〇年八月二七日、復興計画の概要である「帝都再建方策」を発表した。それは〈理想的な復興計画〉であった。計画の主要な目標として、

一、都内の住宅は敷地七五坪（約二四八・〇平方メートル）に一戸建設し、その周囲に自給農園をつくる。

二、道路は五〇～一〇〇メートルのものを数十本つくる。

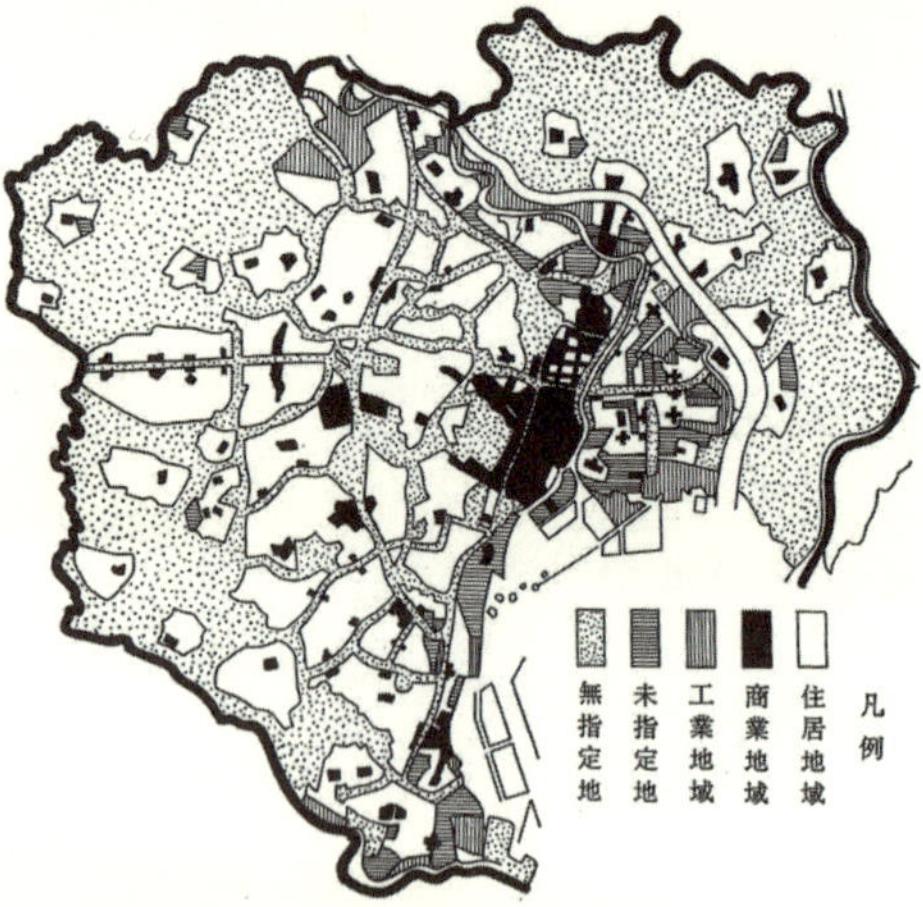

東京戦災復興の土地利用計画（1946年）

三、大緑地を数か所に造る。
四、学園街を緑地帯《グリーンベルト》の周辺に三五か所つくる。
五、消費だけの都市から生産都市に変える。

などの提案を行った。

戦時の防空都市計画からの脱却を目指したものと言える。「最初から国家一〇〇年の大計のもとに根本的な計画を樹てるべきだ」。石川の決意である。注目すべき点は、将来の東京の人口を三〇〇万人に想定したことである。実際、二〇年九月には、内務省国土局長堀田健男が都市への転入を禁止し、地方から六大都市への転出証明は発行しないことを言明して東京都への人口流入の制限が開始された。だが現実は、都の人口はその後も急増を続け、人口三〇〇万という目標は根本から崩れていく。

石川は、二〇年一一月に創設された戦災復興院（以下、復興院）総裁に小林一三《いちぞう》（一八七三－一九五七、電鉄・電力界の実力者）が就任したことを歓迎していた。石川は、「帝都改造計画要綱（案）」の作成を進めている最中の一九年一一月に既に小林の前でそれを報告していた。「そこへ復興院が出来、何と小林一三さんが総裁というヒット人事であった。これはユカイなことになったぞとよろこんでいるある日、呼び出された。復興計画が出来ているなら、皆に説明してほしいというのである」（石川著『私の都市計画史』）。

「帝都再建方針」の発表から四か月しか経っていない二一年一月「帝都復興計画要綱案」が発表された。これは小林復興院総裁、財界、知識人からの意見を聴取したうえで石川らによって作成された。GHQの「早急に復興計画を提示せよ」との指令も背景にはあった。基本方針は、

［主要目標］

① 太陽の都市：木造家屋の密集した、満足な日照りもない町でなく、公共住宅と広い芝生のある衛生的な住宅街にしなければならない。

② 友愛の都市：お屋敷町の多い町をつくるのではなく、都民一人一人が住み良い都市としなければならない。

③ 慰楽の都市：個人が小さな庭をもつことではなく、広い公共の広場や庭園を造っていく。

④ 無交通の都市：車の進入しない都市

⑤ 食糧自給度の高い都市

⑥ 文化の都市：都民の生活向上の為の健全な町づくり

⑦ 生産の都市

⑧ 不燃の都市

［基本方針と計画］

①　計画人口：区部において三五〇万人（一九四六年「都市地転入抑制緊急措置令」、一九四九年解除、一九四七年五〇〇万人を超える）
②　不燃都市の建設：防災地域の指定三三六〇ヘクタール（一九四六年八月）
③　公園緑地の施設の整備：大公園　四か所約六二ヘクタール、中公園　二〇か所約七五ヘクタール、緑地三四か所約三二〇〇ヘクタール（一九四六年四月）
④　交通施設整備：街路計画に重点が置かれた（一九四六年三月、四月）。放射状三四路線、環状線九路線、補助一二四路線
⑤　土地区画整理事業の促進：土地区画整理事業地二万一三〇ヘクタール（一九四六年四月）
⑥　都市の過大化防止：東京を中心とした五〇キロ圏内に衛星都市の計画・広域地方計画の作成

緑地地域の指定による区部五〇％の市街化地域で計画人口三五〇万人に抑え、土地区画整理事業を通じて復興の根幹をなす道路整備、緑地帯と公園施設の整備計画に多大な期待が寄せられた。これが石川の戦災復興計画の真髄だった。

◇

昭和二一年（一九四六）三月二日、石川は第四三回都市計画東京地方委員会で計画の骨子を報告している。（原文のママ）

「（幹事石川栄耀君（答弁、東京都道路課長兼都市計画課長））

第一に、今度の復興計画に於きまする大きな前提が三つほどあげられます。その一つと致しましては、帝都の性格でございます。帝都の性格を工業都市として自由に発達させるか、或いは政治経済都市として之《これ》を上品な優雅な街にするかということは極めて重要な点でございまして、結局に於きまして、是《これ》は政治、文化の中心として行くということに大体が決まりましたので、其《そ》の方針を体して案を進めているのであります。工業等に付きましては過大な施設等を考えないということになっております。第二と致しまして、帝都の人口をどの位に見て行くかということでございますが、大体三〇〇万人乃至《ないし》四〇〇万人の程度を妥当とするのではなかろうかということに、是は極めて漠然としておりますが、其の辺に目安を置きましてやることになります。併《しか》し是は現況を考えてみますと、既に月に二〇万人位ずつ入って来ているそうでありますから、『マッカーサー』司令部の方からの指令もございまして、今後全国の一〇万人以上の都市に人口を流入しないという政策を取るということになっております」

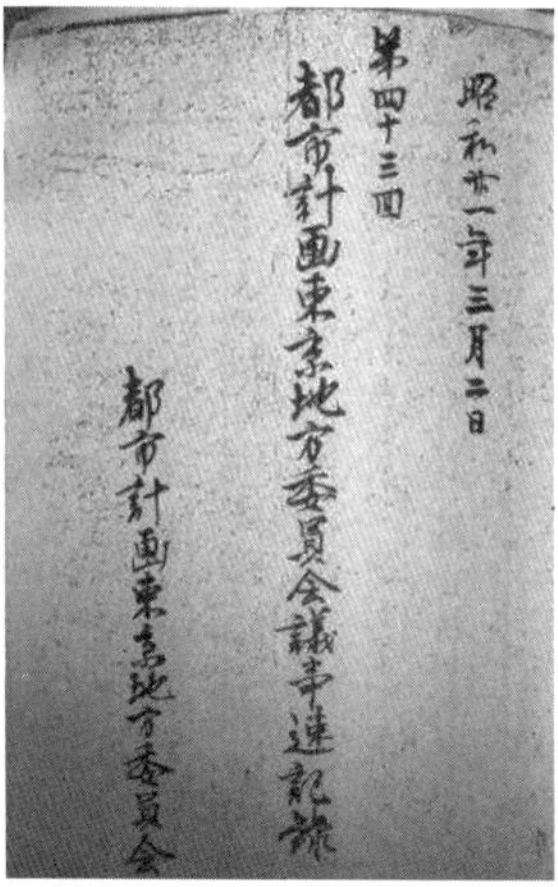

委員会議事録（石川家蔵）

続いて、石川は、東京の人口を三〇〇万人に抑えるため、周辺の衛星都市に人口を吸収し、第一次計画としては、半径四〇キロメートル圏内にある諸都市に諸施設を分散収容することとし、第二次計画では、それを半径一〇〇キロメートル圏内まで拡大すると答弁した。これらの都市に合計四〇〇万人を収容する

映画「二十年後の東京」（道路網、個人蔵）

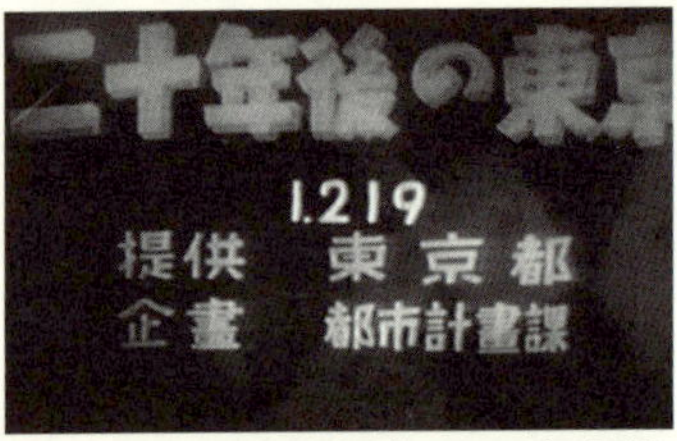

映画「二十年後の東京」（タイトル、個人蔵）

ことによって東京の膨張を防げると考えた。

二一年に二冊の図書を刊行した。『新首都建設の構想』（戦災復興本部）と『都市復興の原理と実際』（光文堂）である。焼け野原からの東京復興を明快に論じている。

二二年夏、都市計画課長石川は映画「二十年後の東京」を企画立案する。多才な彼の一面を示す映像は、一六ミリフィルムで上演時間は二五分である。財団法人日本観光映画社制作・企画東京都都市計画課となっている（企画・撮影三木茂、脚本・演出秋本憲、カメラマン石井勝視）。映画は「イギリスの大臣が嘆いて、紙の都市が欲しいと言った」とのナレーションから始まる。荒涼たる焼け野原の航空撮影に続いて「都市計画や復興の良い機会」、「日本には友愛の精神がない」「民主的でもない」、「東京では公有地一六％、私有地八四％」などのテーマが映像をまじえて次々に展開される。最後に「一にも二にも土地が欲しい……」と訴えて映像は終わる。「民主主義樹立のために都市計画を理解して欲しい」との再三の訴えは検閲をするＧＨＱを意識したものであろう。

◇

敗戦直後の東京都心は、度重なる空襲で灰塵に帰し、破壊された建物の残骸（ガラ）が至る所に山のように放置されていた。都民はホームレスに近い暮らしを強いられ、残骸の山の中から、空襲の犠牲者の焼け焦げた遺体が見つかることも稀《まれ》ではなかった。捨て場のないガラは、目抜き通り沿いにうずたかく積み上げられていて、ＧＨＱから政府や東京都に対して早急に排除しろとの厳命が繰り返し下っていた。結局、昭和二二年から二五年にかけての埋め立てで、東京駅前の外堀、三十間堀《さんじっけんほり》川、東堀留《ひがしほりどめ》川、竜閑《りゅうかん》川、新川、六間堀川、浜町川、平久《ひらく》川支川など、多くの都心部の水面が埋め立てられた。石川がとくに埋め立てに逡巡したのが三十間堀川であった。同川は、東京都中央区に存在した小河川である。 川幅が約三〇間（約五五メートル）あったことから三十間堀と呼ばれ江戸っ子に親しまれてきた。石川は苦渋をこめて追想する。

「区画整理の一部にガラの取り片付けがある。この仕事は初めから不幸な取扱いを受けた。これほど都市の景観をミジメにするものはなく、世間も又、そのように嫌がっていた。そして、いつしかそれが我々の責任であるがごとく扱われるようになった。それにもかかわらず、これに対しては、国庫補助は一文もない。従って都の予算にも出ない。仕方がないから、これで不用水路を埋め立ててその埋立地を売り立て、まかなおうと言うことになった。その際最も有名になったのが中央区にあった三十間堀川である。三十間堀川の埋め立てが出来た頃ＧＨＱの将校がこれを見たいという。そこで案内したら非常にほめた。ほめている中に、埋立地の中央にある細い道を見つけた。『あれは何だ』と言うから『道路だ』と答えたら急に眼を丸くして『何だ、この埋立地に家を建てるつもりか』と言う。『良からぬことをするものだ』と逆にけなされた。彼らはこれ全部が道になると思ったのである。埋め立てで成功したのは四谷見附わきの堀であった」

「この場合も世論の苦さを味わった。埋めた堀は、埋めなければ不潔で不快な不用の堀である。利用上からも都市美上からも何の存在の価値もないものであった。それを調べて都市計画委員会に掛けて埋めたのである。にもかかわらず、埋めれば必ず非難である」（石川著『私の都市計画史』）

三十間堀川は戦後の残土処理のため昭和二三年から埋め立てが始まり二七年には完了して、水路としての三十間堀川は完全に消滅した。水辺の埋め立ては、最終的に七万坪（二三万一四二〇平方メートル）の造成地を新たに生み出した事業であった。その後三九年（一九六四）の東京オリンピック大会を前に、都内に首都高速道路が建設される。この建設によって、かつて江戸の中心にあって舟運を担った河川や運河の大半が姿を消した。その中には、外濠、京橋川、汐留川、越前堀などがあった。かけがえのない江戸期の都市遺産を食いつぶして陸上交通のネットワークにした。

◇

昭和二二年（一九四七）、石川は『国土開発』に「復興計画と土地問題」を投稿している。

「〈復興計画と土地問題〉　石川栄耀

一

復興計画は土地問題、建築問題及び建築物の運営問題の三段階になっている。その中、最も基礎的なものは土地である。特に日本のように余りにも掛け離れて後進的な都市を有する国の復興に於いては後進性を取り返すために土地問題が最重要になる。

道路にせよ緑地にせよ宅地に太陽の光線を入れるための構想にせよ土地問題にならぬはない。人間にたとえるなら土地は身体、建築は衣装、動作が運営ということになる。

二

今度の復興計画で土地問題は先ず道路緑地から始まった。東京では道路一千万坪。問題は如何《いか》にしてこれを公有地たらしめるかである。

道路一千万坪は結局区画整理によって地主に拠出して貰うより仕方がない。大地主から無償拠出して貰《もら》う分は地主所有地の一割五分迄とし、他は国及び公共団体で保証することになっている。これは震災の例もあるので、何とかなろう。尤も一〇〇メートル等という大きい道路は沿道地主ではまかない切れないから、これは結局その幾割かを国家補償の方へまわすことになるのであろう。次に緑地については大体これも当初は地主負担ということになっているのであるが、これは今日のいわゆるゴボウ抜きで買収の形になりそうである。尤もこれはその半分の五〇〇万坪程が国有地になっているからその分は心配ないとして（これも全部無償はないということになっている）アトの五〇〇万坪を心配することになっている。これは結局買わなければならない。東京の地価平均二〇〇円として二五億円になる。

土地問題の第三は、各自の宅地に光線を入れるため三〇坪以下の土地には家を建てさせないとする。然るに東京の宅地で三〇坪以上というのは全地域の半分以下であるという。結局半分以上の家が建たぬことになる。しかもこれが現況に於いてのことであるから、区画整理をして三、四割の土地が減るとなるとエライことになるわけである。さればとてこれは是が非でも断行しなければ万代に悔いを残すことになる。そこでこの処置をドウするか。

これに二つの方法がある。その一つはドシドシ合筆して筆数を減らす。恐らくは地主の数も減るであろう。減った地主は相互に金で片を付けるか、飽くまで土地の欲しい人に対しては郊外の区画整理地へ換地を与える。これは多少の抵抗を感ずることと思うが、良心に従って断行すべきである。

もう一つの方法は、土地の筆の面積を問題にしない。細かい筆の土地は一か所に集め、合同建築しか建ち得ないとする。自ずからそれは在地使用法に対する強制となる。これは中々困難ではあるが、面白いことでもある。勿論このためには新法令が必要となる。

土地問題の第四は都市計画道路を実施するためにその沿道に、不整形の宅地が出来る。中には宅地にならぬ狭い在地が出来る。これをどうするか。これは在地区画整理をやりさえすれば解決するし、又区画整理をしなければ解決しない問題である。また区画整理が案出した主因もここにある。

三

これらを解決するには結局全焼失地を国会で買収し、都市計画をやったところでこれを増価した形で売り戻すというのが一番よい。尤もそれでは仮に四五〇〇万坪を戦前時価平均二〇〇円買うとしても約一〇〇億円かかる。今日この三倍を見て三〇〇億円、この工事費を用意しなければならない。これを大体六〇〇億円、更に完全に見て一〇〇〇億円となろう。敗戦国として容易ならざる芸である。そこで政府の枯渇した財政に負担をかけない方法を考えるとして結局考え出した案が地券であった。全部の在地を地券で引き換え、在地整理後これを地券で返す。これに対しては、何人も否定しないのであるが、恐ろしいのはこの地券が、正金同様の価値を持って働き出し、大インフレを起こすということである。（中略）結局、区画整理によって解決するのが一番正しい。

（以下、四から六は略）

七

復興は土地から。土地は地主の良心から。結局復興は地主の良心に待つあるのみということに誤りはない。国家の政策も社会の関心もここに集中さるべきである。（東京・都市計画課長）」（原文のママ）

最後の主張に石川の祈りを聞く思いである。行政の実務を預かる責任者の悲痛な訴えでもある。

◇

「都市美新聞」が昭和二二年六月一〇日、ジャーナリスト・根岸流川柳家元、根岸栄隆（石川の実兄）によって発刊された。同紙は都市広告の専門紙でタブロイド判一枚である。発行所は東京都北区滝野川三六の都市美新聞社（根岸自宅）である。毎月一回一〇日に発行され、その都度GHQの検閲を受けた。弟の石川が実質的な編集責任者で、彼は毎号コラムを投稿した。

創刊号である。

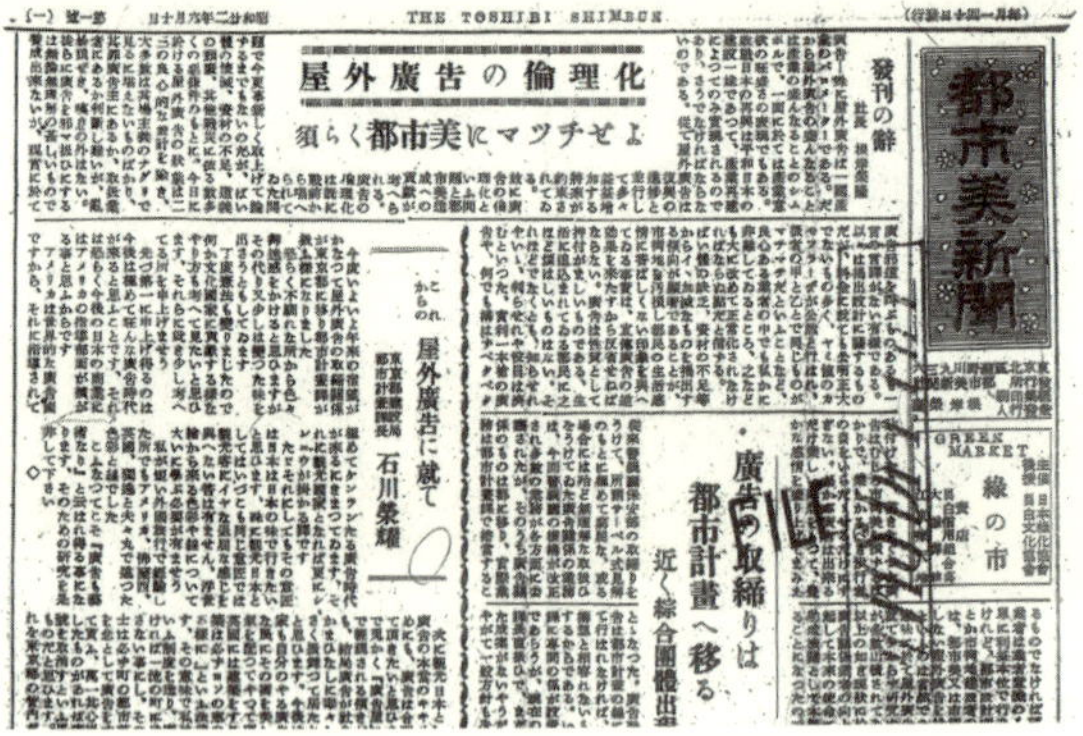
都市美新聞
THE TOSHIBI SHIMBUN
化理倫の告廣外屋
よぜチツマに美市都くらす須
發刊の辭　社長　根岸榮隆
これからの屋外廣告に就て　東京都計畫課長　石川榮耀
廣告の取締りは都市計畫へ移る
近く綜合團體出現
綠の市
FILE

「都市美新聞」（創刊号、GHQの検閲印が見える）

「〈屋外広告の倫理化〉
発刊の辞　　社長　根岸栄隆

広告——殊に屋外広告は一国産業のバロメーターである。だから屋外広告の盛んなることは産業の盛んなることのシンボルで、一面に於いては産業意欲の旺盛さの表現でもある。敗戦日本の再興は平和日本の建設一途であって、産業再建によってのみ実現されるのであり、そうでなければならないのである。従って、屋外広告は復興の進捗と並行して多々益々増加する将来が約束されている。

茲《ここ》に広告の倫理化という問題と都市美造成への貢献が考えられる。広告の倫理化はすでに戦前から唱えられていた問題で、今更事新しく取り上げて論ずるまでもないのだが、媒体の壊滅、資材の不足、道義の頽廃《たいはい》、其《そ》の他戦災による数多くの悪条件のもとに、今日に於ける屋外広告の状態は、二、三の良心的な設計を除き、大多数は其の場主義のナグリ（手抜き）で見るに堪えないものばかり、其の罪は広告主にあるか、取扱業者にあるか、判断し難いが、乱暴狼藉、嘆息の他はない。

徒《いたずら》に広告を邪魔扱いにするのは無論無理解の甚だしいもので賛成できないが、現実に於いて広

告邪道を叫ぶもののあるも一言の言い訳がない有様である。（中略）
屋外広告関係業者の意欲向上を喚起して本来の使命に貢献する助成機関として本紙を発刊することになったのである」

第一号の石川栄耀コラムである。

「〈これからの屋外広告に就《つい》て〉

東京都建設局都市計画課長　石川栄耀

今度いよいよ年来の宿望がかなって屋外広告の取締関係が東京都に移り都市計画課が扱うようになりました。

恐らく不馴《ふな》れなところから色々御迷惑をかけると思いますが、その代り又少しは変わった味を出そうともしています。

兄栄隆の自画像（石川家提供）

ちょうど憲法も変わりましたので、何か文化国家に貢献するようなやり方も考えて見たいと思います。それらに就《つ》き少し考えているところを申し上げましょう。

先ず、第一に申し上げ得るのは、今後は極めて旺《さか》んな広告時代が来ると思うことです。それは恐らく今後の日本の商業にはアメリカの指導部面が広がることと思うからです。アメリカは世界的な広告国ですから、それに指導されて極めて絢爛《けんらん》たる広告時代が来るにきまっています。それに観光国家となれば更にシンニュウが掛る訳です。ただそれにしても、その意匠は、日本は日本の味で行きたいと思います。殊に観光日本としてはいずこも同じ意匠では観光客にイヤな退屈な感じを与えない筈《はず》はありません。浮世絵から来る色彩や線については大いに学ぶ必要がありましょう。

私が短い外国旅行で経験したところでもアメリカ、フランス、英国、ドイツと夫々《それぞれ》まるで違った色彩と線でした。こうなってこそ、『広告も芸術なり』と言われ得ることになります。そのための研究を是非してください。

民間団体として望ましいことは広告研究所を設立することです。そして広告の効果に対してもっと科学的に研究し、広告の効果に対し責任を持つようにすべきです。（以下略）」

第五号（最終号、昭和二二年一一月一〇日刊）である。

「〈日本の色〉

東京都建設局都市計画課長　石川栄耀

東京都では、最近広告に対する態度を一八〇度転換することにした。即ち、広告を取締るというよりは広告を助成しようということにした。そして出来るだけ、都の施設を利用して広告をして貰《もら》うようにすることにした。

その代り、極力『美しい』ことを条件としてやって貰うことにした。その結果、まかり間違えば東京全市がカミクズのようにきたなくなるかも知れないし、うまく行けば、ゲテものながら美しいおトギの国が現出するだろう。

自然の花で描く広告は出ないだろうか。　　×　　高架鉄道の緑の土手、お茶の水の土手。ああ云う所に、四季の花で絵を描く、そういう広告ならば、見る人はほほ笑むであろう。

水上に、光で広告を描くものは出ないであろうか。　　×　　（中略）都市が一つの広告の謝肉祭になる。それも一つの都市のあり方であろう。

いそいそと　広告塔をまわるなり　春の都の媾曳《あいびき》の時――白秋

×

それにしても、もうこの辺で色の芸術家が出ないであろうか。梅原龍三郎の赤、安井曾太郎の青、ローランサンの淡青、広重の藍、ゴッホの黄。色は芸術の言葉である。（中略）白秋に広告を描かせたらどんなデザインをしたろうか」（石川は北原白秋の詩を愛読し愛唱した）

昭和二六年に刊行した『都市美と広告』（日本電報通信社）で、石川は強調する。

「広告への興味を深くさせた機縁は、何と言っても大正一一年、一二年の欧米出張であった。その時すでに広告に多少の興味を持っていた自分は、アメリカ、フランス、英国、ドイツなど各国の広告が、いかにそれぞれの国の国民感情そのものであるかに感心した。

アメリカの広告は、ひたすら若々しく、爽快であった。すべてに疑問がなく、底抜けの好機嫌である。英国は重厚であるが、洗練されたユーモアの国である。どの広告にもほほえましい『語りかけ』があった。フランスでは、一つ一つの絵が詩になっていた。少女が春の野に立って小鳥を眺めている構図にも、限りない美しさがあり、それとともに老いた文化の哀愁がある。またドイツでは、どの図案も歯を食いしばった忍苦の表現があった。(中略)欧米から帰った自分は、わが国の広告がいかに無性格であるかを改めて見出し、嘆かわしく思った」。そして彼は言う。「美しいもののみが、最大の広告効果をもつ」。けだし至言《しげん》である。

第八章

未来の夢を瞳《ひとみ》に映して

思い出は美しい　無条件に美しい
が、「我れ」の入った気取った過去は
又なく醜である
これは　本当に不思議なことだ

×

「脱無益
遊無益」

…………石川の「日記」より

フラッシュ・バック……………社会に対する愛情、此《これ》を都市計画と言う

「局長に会わせろ！」、「我々の要求を飲め！」。昭和二四年（一九四九）一一月二七日午後二時、東京・豊島区椎名町（当時）の東京都建設局長石川栄耀の私邸に四〇人余りの露店商が押し掛け、石川に面会を求めしきりに声を張り上げた。石川の私邸は大空襲の焼け跡に建てたバラック住宅で、庭の一角は野菜畑になっていた。押し掛けたのは、区画整理事業のためこの一一月いっぱいで取り壊しとなる新宿東口マーケットの露店商と支持団体であった。だが石川は大島に出張中であった。次男で東大医学部インターン生の中（のちに東大医学部教授、精神内科医）が玄関から姿を見せて「父は留守です」と伝えた。時雨《しぐれ》の冷たい雨が屋根や大地をたたいている。

「居留守をつかっているのではないだろうな」

リーダー格の男が野太い声をあげて詰め寄った。中《ひとし》は毅然として背筋を伸ばし粗暴な抗議にひるまなかった。

「父は居留守を使うような卑劣な人間ではありません。明日帰ると聞いてます」

「今立ち退きを命じられるのは、死ねと言われているのと同じだ。我々の行き先を見つけてくれ」

別の男が叫んだ。息子を心配して石川の妻清子も応対に出たが、押し問答となった。男たちは罵声を浴びせたが暴力行為には出なかった。彼らは、かってに庭にはいりこんで座り込みを始めた。

THE TOKYO-NICHI-NICHI　昭和24年11月29日（火曜日）

雨の夜の穏やかな恐怖

陳情の直接行動團

都建設局長宅の庭へ居すわる

問題はマーケット取拂い

興奮的口調も飛出す

直接行動を報じる記事（東京日日新聞）

夕方から風雨は横なぐりに吹きつけた。

「局長がいないなら谷口成之《しげゆき》区画整理課長をこの場に呼んで来てくれ」

中が谷口を呼びに行くことになった。連絡を受けた目白警察署では署員八〇人を動員して警備にあたったが、「住居侵入罪は適用できない」との署長の判断で石川家を遠巻きにしたまま動向を見守るしかなかった。

石川家では、妻清子や娘たちも手伝って傘や雨具を男たちに提供し、菓子類など簡単な食べ物まで手渡した。男たちは座り込んだままで動こうとしなかった。午後八時過ぎ、課長谷口が中に案内されて駆けつけて来た。雨に打たれてびしょ濡れだった。谷口に抗議の声が向けられ、再び押し問答となった。課長谷口は最終結論を伝えた。

「明日昼までに局長と協議したうえで、結果を代表の方に電話で伝えたい。今回の事業は新宿駅東口広場を拡張するもので、皆さんの移転先も提示しているはずです。皆さんの職業を奪うものではないことはこれまでも繰り返し説明しています。とにかく今夜は引き揚げて欲しい。石川家の皆さまに迷惑をかけるのは止めていただきたい」

露店商は不平を言いながら引き揚げて行った。中には革命歌や労働歌を、声を張り上げて歌う者もいた。「民衆って何だろう」。彼らの後姿を見つめながら次男中は、つぶやいた。晩秋の雨が戦災の焼け跡の街をたたき続けた。

（都市計画学会「都市計画—特集石川栄耀生誕百年記念号」、鈴木博之『都市へ』、『戦災復興の日英比較』などを参考とし一部引用する）

◇

米軍占領下の東京は戦災に追い打ちをかけるように、戦後大型台風の被害を受け続けた。昭和二二年秋のカスリーン台風、二三年秋のアイオン台風、二四年秋のキティ台風である。米軍の指令により、台風には英語女性名がアルファベット順に冠せられた。カスリーン台風では利根川と荒川の堤防が決壊して大水害となり、関東地方は濁流に水没してGHQの兵士が救援に乗り出した。東京下町の住民は濁流の引くまで約一カ月間も土手の上で窮乏生活を強いられた。東京都の再建計画には治水対策が不可欠となった。建設局長石川は二三年暮れに建設省（当時）から治水調査臨時委員を委嘱された。

局長就任から一年余りの間の主な動向を「阿伎抄《あぎ》」（石川の日記）で確認する。日記は、二三年六月

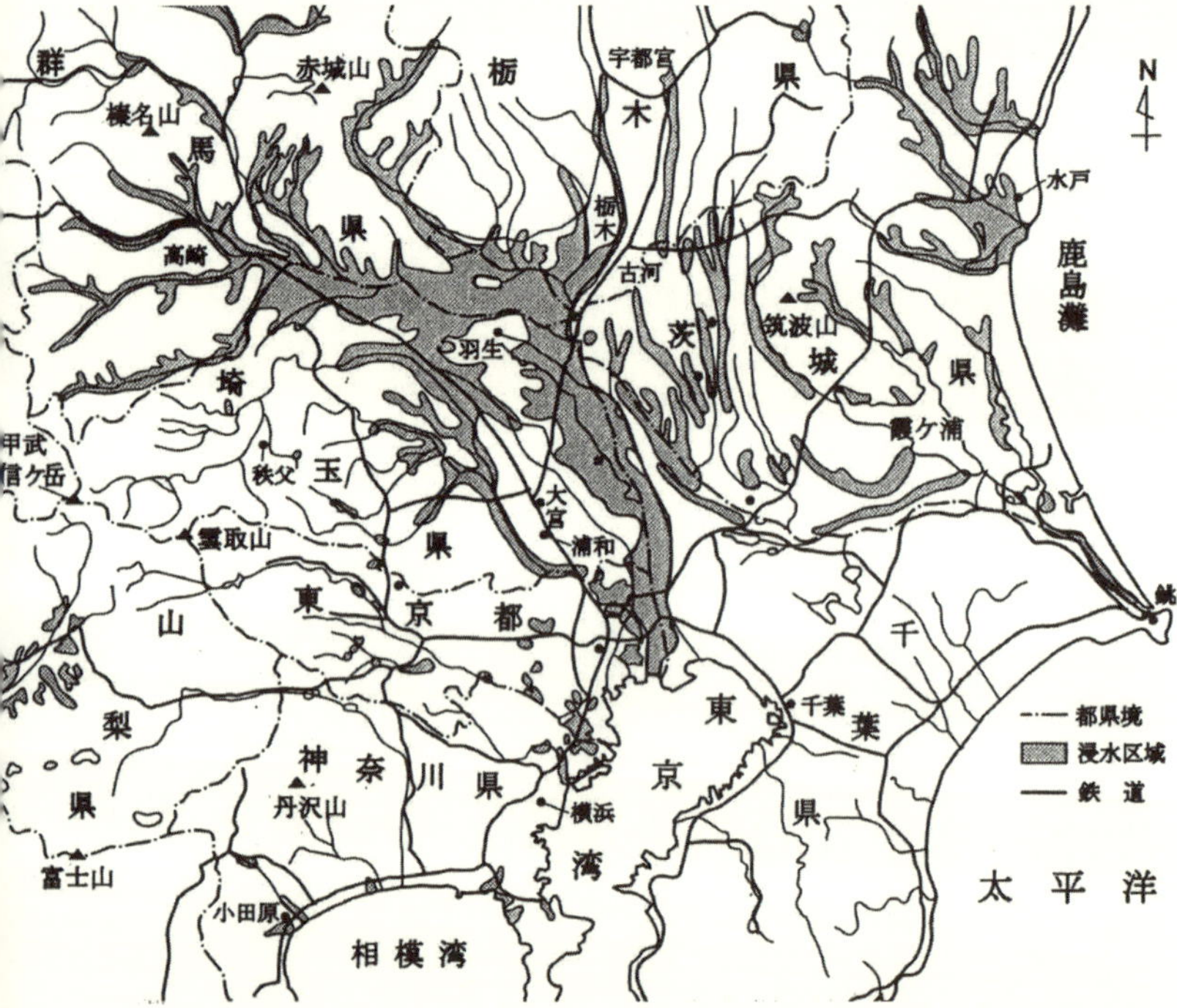

カスリーン台風による浸水地域(『報道写真 カスリーン台風』より)。関東地方を襲った戦後最大・最悪の水害であった。

二五日から始まる（日記はこれまで未公開であった。現代語表記、原文のママ）。

・「六月二五日　曇

朝、千葉の工学部（東京帝大第二工学部）へ行く。（石川の博士）論文は教授総会で受付けと決定したと言う。決定まで一年はかかると言う。少し長過ぎるが仕方がない。（中略）

一二時三〇分、知事室で局長の辞令を貰う。欣喜雀躍とは行かない。年をとったせいもあろう。行く手の多難を懐《おも》ったせいもあろう。然しとも角、これで一段階である。

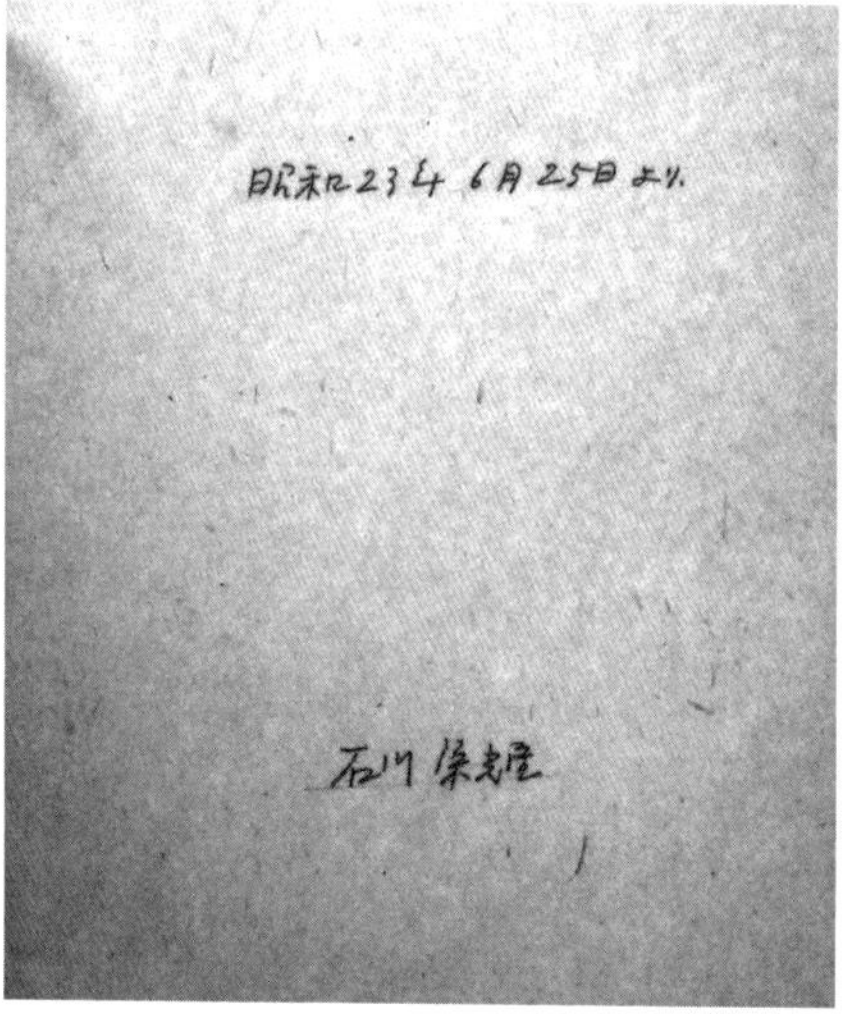

石川日記の表紙（石川家蔵）

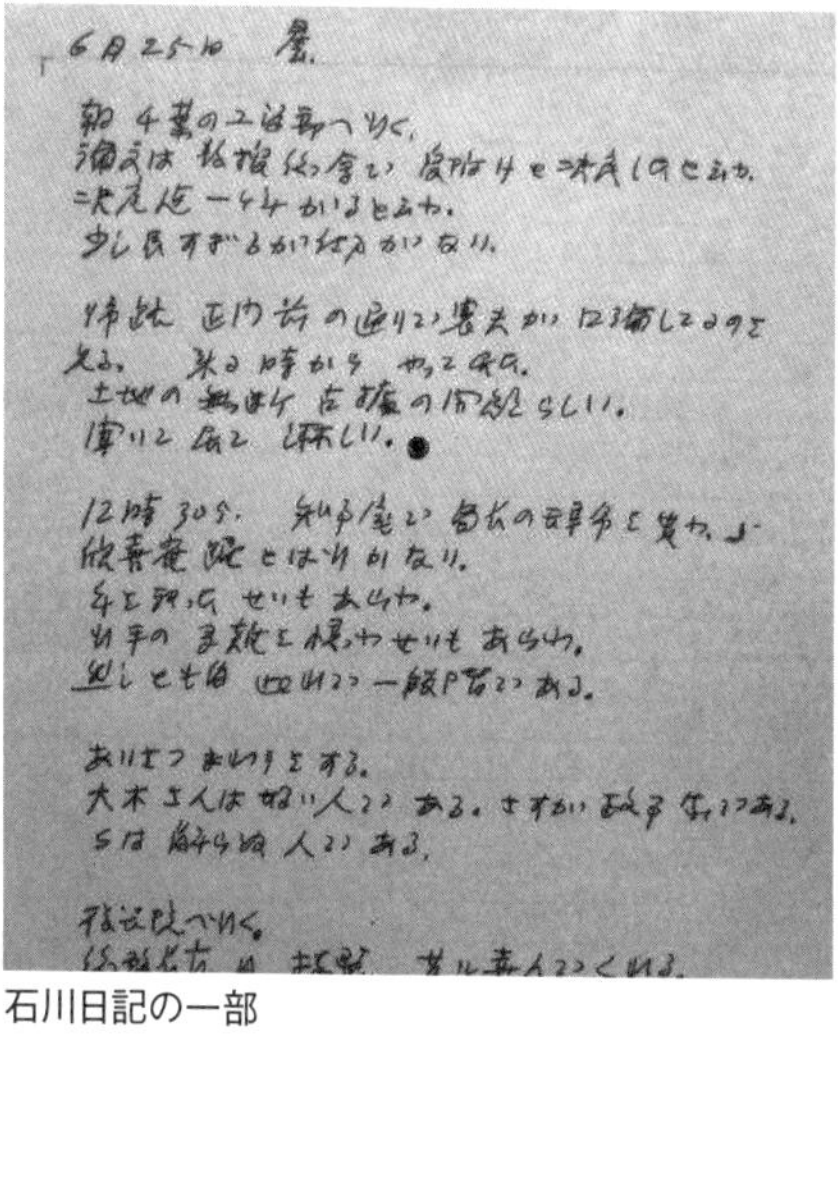

石川日記の一部

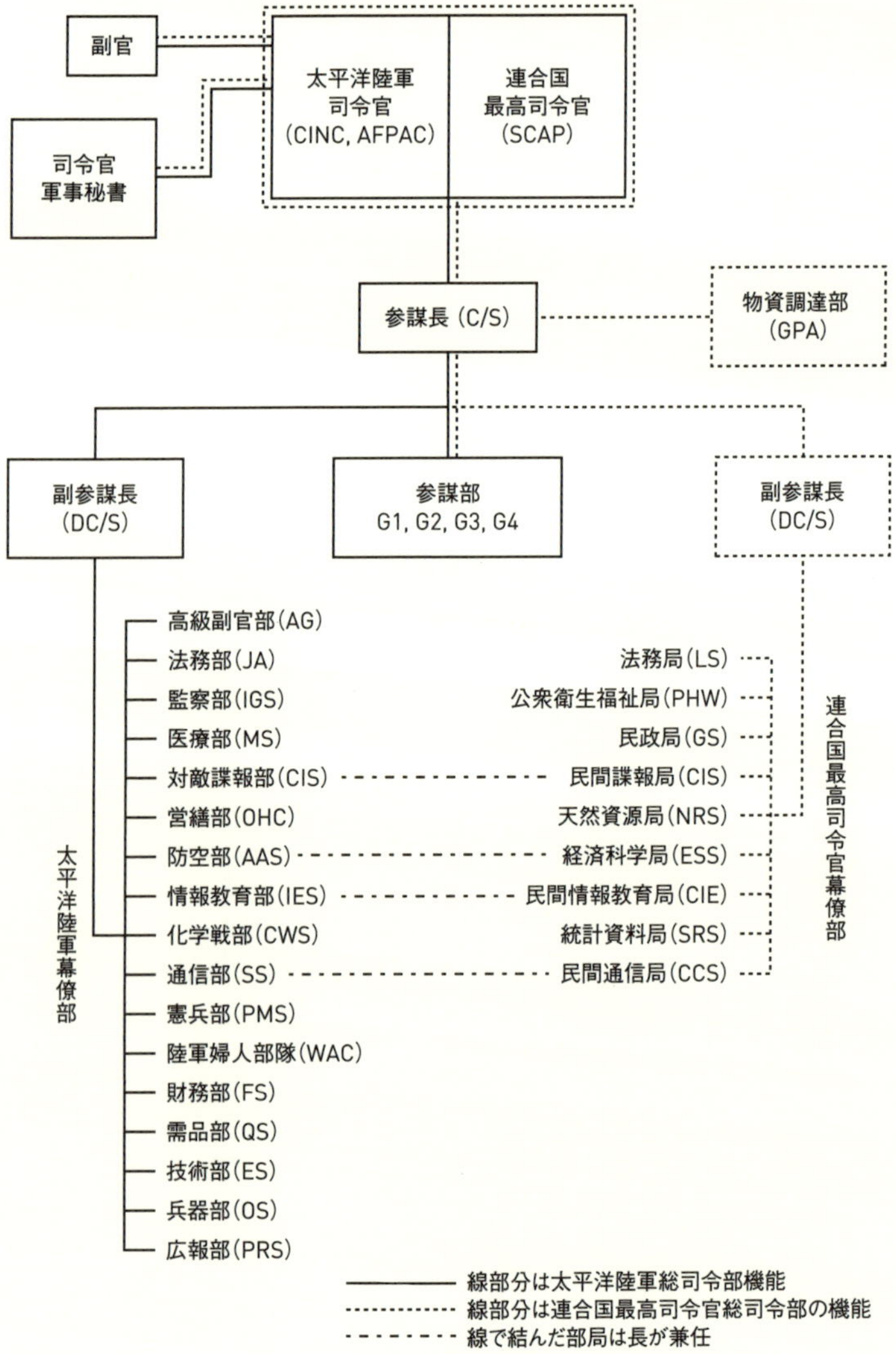
副官
司令官
軍事秘書
太平洋陸軍
司令官
(CINC, AFPAC)
連合国
最高司令官
(SCAP)
参謀長(C/S)
物資調達部
(GPA)
副参謀長
(DC/S)
参謀部
G1, G2, G3, G4
副参謀長
(DC/S)
高級副官部(AG)
法務部(JA)
監察部(IGS)
医療部(MS)
対敵諜報部(CIS)
営繕部(OHC)
防空部(AAS)
情報教育部(IES)
化学戦部(CWS)
通信部(SS)
憲兵部(PMS)
陸軍婦人部隊(WAC)
財務部(FS)
需品部(QS)
技術部(ES)
兵器部(OS)
広報部(PRS)
太平洋陸軍幕僚部
法務局(LS)
公衆衛生福祉局(PHW)
民政局(GS)
民間諜報局(CIS)
天然資源局(NRS)
経済科学局(ESS)
民間情報教育局(CIE)
統計資料局(SRS)
民間通信局(CCS)
連合国最高司令官幕僚部
線部分は太平洋陸軍総司令部機能
線部分は連合国最高司令官総司令部の機能
線で結んだ部局は長が兼任

GHQ機能の二重構造(1945年11月)、石川はGSやESと交渉した。

あいさつ回りをする。(中略)
復興院へ行く。総務長官、及び技監、共に喜んでくれる。何となく内務省の好いところを感じる。
夜家族に報告。皆よろこぶ。清子(夫人)と長崎神社に参る。
根岸情治宅に行く。よろこんでくれる。(以下略)」

•「六月二七日　日曜日　小雨後晴
(前略)心中頗《すこぶ》る仕事のことを考える。考える要なきに考えている。小心なりと言わすきか」

•「六月二八日
急《(ママ)》がしい日であった。建築局問題で走りまわる。『ときわ屋』にて知事の意向を聞く。建設院(建設省前身)に対しては都の条項追加をたのむ。GHQハスルネックを訪ねる。Porterに対し念を押す。うまくいかない。
阿部復興院総裁に対し、GS(民政局)かけ合いたのむ。結局放って置くことにする。建築局に行く。結局、Porter その他と会食の必要を感じる。為永氏に会い、Porter に出掛ける。モーレツな表情のTiltonに会う。結局両氏とも出てくれることになる。建築課に戻り、その段取りをつけるよ

ティルトン中佐(晩年、石川は「モーレツな表情」と書いた。国立国会図書館蔵)

う話す。建設院で都の修正案を見ると、建設局が土木局になっている。これは困る。至急文書課にかけ合わせる。吉野君に修正するよう文書課に話す。自分からもその話を伊東君にする。（中略）急がしい丈バカになりそうだ」。石川はＧＨＱ機能の二重構造や指令系統の複雑さに振り回されるのである。（注――ＧＳ（Government Section 民政局）局長コートニー・ホイットニー。Legal Government Division（法務部）。Mr.C.G.Tilton（chief 文官）その部下Mr.H.D.Porter（文官））

•「六月二八日（続き）、九時三〇分から『トキワ《ママ》』で大谷竹次郎氏と歌舞伎座再建につき協議する。大体、石川案でお仕舞にする。即ち、都は都民劇場の形で経営する。

第一回の局長会議に出る。退屈なものである。福井地震の災害に対する義損である。東京から一〇〇万円を出す。

午後は課長会議。整地課長問題を決める。夜原稿を書こうとしても何となく落ち着かない。これでは困る。」

•「七月一日　金曜日

（前略）ＧＨＱのPorterは若い男であるが、極めて朗らかな男である。然し彼等に合せて笑わねばならぬ空気は侘《わび》しい。これが敗戦国でなく対等であったらどんなに楽しい国際友誼《ゆうぎ》であろうかと思う。（以下略）」

•「七月二日　土曜日
農民の顔は孤寂《こじゃく》である
従って貧農程ミニクイ
都会人の中
商人は　社会の有り難さを知ると共にこれを利用する
芸妓は　社会とタワムれる
芸術家　学者は　社会を知り愛する
宗教家は　社会を愛する
美しさは社会に対する愛の本質性に比例する。」

•「七月二八日
鈴木（喜兵衛）氏の武蔵野画廊にモジリアーニとボナールがあった。モジリアーニの肉体には驚いた。」（石川はボナールの作風を愛した）

•「七月二九日　日曜日
人生は芸術である。

云われて来た所の芸術はただこれのpick-upにすぎない。

×

人生は性格によって推しはかられる。

我々が最も留意しなければならないのは性格である。

×

いかなる性格が最も望ましいか
それは『価値』に敏感にして『価値』に従って行動出来ることである。

×

昨日は茅ヶ崎へ行き話をする
帰路、飯沼一省《かずみ》氏（注――旧内務省官僚、都市計画理論家）と話をして来る。

極めて有益であった。

（中略）

フランスの作家ジッドが『人』を味わうことほどたのしいことはないと云ったことが初めて解った。」

•「九月二三日　木曜日　秋季皇霊祭
自動車が来たので竹村氏と一緒に染井舞台の狂言を見る。
『枕狂』『小舞』及び『悪太郎』を見る。近来稀《まれ》な感激を受ける。
歌舞伎にあって困った『白々しさ』がない。

（中略）

×

五六歳にして尚《なお》生きることの方法論をとらえ得ず、
しかもとらえんとするものが、生硬な観念であり、いささかも実体化して
いないのは——驚くべきことである。」

•「九月二六日　日曜日　雨

（前略）

一つの時代には一つの時代の現象しかない。
今日世界にアメリカ的傾向とロシア的傾向があると云う。
然し本質的にはこの二つがあると云うことは、ロシアにもアメリカがあり、アメリカにもロシア
があると云うことである。

時代の大きな流れから独立してＡＢＣがあると思うのは愚の骨頂である。（以下略）」

•「一〇月七日

（前略）

早大の講義で考えたこと。

Deviation（逸脱、偏向）は文化を造るが、Ultra-Deviationは、これを滅ぼす。Deviationの効果は力の集結と組織（文化統一の可能性）である。

よってPlanned Deviationにより、これを交通力により、効果を持たせることが出来る。それが広域計画である。都市の広域計画と共に農村の広域計画もありえる。」

•「一〇月一一日　天気晴朗

朝出勤前に庭の椅子で天気を味わう。

人生のこころよき瞬間である。

×

人間の生き方は精神の高尚価値観の中枢に置くことである。

これを観念的でなく、行動的に置く時は、毀誉褒貶《きよほうへん》の外に生きることが出来る。

×

人生の行動は社会性にある。
価値行動の目標として、この社会性を認めることは行動を楽にする。
これを内省により求めるのが東洋哲学であり、
この現象から帰納せんとするのが、西洋哲学である。

×

『世界労働運動』を読む。
極めて興味深い。

×

都市の研究に一応の壁を感じた。
今日この頂きとして農村の研究は打開性を持つ。
農村の中に都市を発見し、都市の中に農村を発見する。これを芸術学校（東京芸大）に講じ始める。

×

人間、
価値の判断を正確に行い、
価値によって行動すること、流るるが如くに
なった時『達人』と云うことが出来る。

×

都市の中に農村があり
農村の中に都市がある、
と云うコトバは何かである。」

•「一〇月一四日
昨夜文化寄席、
田中耕太郎氏、飯沼一省氏の短い話あり、成功する。（福井直弘氏のバイオリン演奏）

×

天気晴朗

×

庭に腰かけて考える。
漫然と生きることは出来ない！
生はヨットのようなものである。

×

無益なことに頭を向ける。（但《ただ》しこの益は私益）
これは重要である。

無益なことに労されてはいけない（この益も私益）
無益山荘。

×

夜恭子（長女）とリゴレット（ベルディ作曲のオペラ）を見る。よく出来ているが、後味の苦しい映画である。

×

無益を憶《おも》わず、無益を憶う。
脱無益
遊無益」

•「一〇月一八日
叱言《こごと》は好いことではない。
せめて夫婦間の円満を以て補うことにするワケだ。
あく迄叱言は叱言することにも欠陥がある。
キゲンが好いことが必要である。

×

月照にして庭上の高原性が溢れ出る

つきはましろし、そらの上
にわや、まさおき水の底
いつのまかしか山を降り
歩きし原に似つるかも
すぎのなみきに、かやのはら
ほのかにしろきテーブルと
しろき椅子こそ、さみしけれ

この感傷は唐詩李白である。

×

一つの経済単位とは人間一個の生存に要する石炭、鉄、水力、電気などの量である。」

•「一〇月二七日

(前略)

強い性格、シブトイ性格が必要である。

正しくてシブトイことは必要である。

『笑えば道に出る』というコトバ位適切なコトバはない。」

・「一一月一二日
（前略）

（東條元首相らへの死刑判決について）彼等も結局Patriot（愛国者）であったワケである。大勢に判定を間違っていた。その罪は負わねばならぬ。その意味で考えると――これでよいと思った。」
・「一一月一三日―一四日
清子（夫人）と結城（茨城県結城市）に行き泊る。天気極めて晴朗。町の話をする。」
・「一一月一八日
こたつを入れる。
家族皆であたる。ラジオを聞きつつ、眠くなる。
×
勉強したい気持ちがあるが、本がない。
農村及び文化都市建設について、集中しなければならない。
この両者を結合すること。」

・「一一月二四日
夜General Caseyを知事公舎に招待する。会する者、General Casey夫妻、阿部美樹志氏（復興院総裁）、かま田中将夫妻（ママ、人物不詳）、知事夫妻。（注——石川は清子夫人に代わって長女恭子を同伴させた）
極めて愉快な夜であった。特にアメリカの老夫人の闊達なユーモラスな応対振りは感心させられた。」（注——Maj. Gen. N.J. Casey. ESまたはEO（Engineer Section 技術部）のトップ、技術部はアメリカ軍太平洋陸軍幕僚部技術部、三菱商事ビルに本部を置いた）

・「一一月二六日
千葉（東大第二工学部）に教えに行く。Mrs.Caseyの得意の手品の種明かしをしたら拍手喝采した。

車中露西亜《ろしあ》文学手記を読む。チェホフの〝サガレン紀行〟の由来を知り、チェホフを再認識する。（以下略）」

・「一二月八日
午後は（GHQの）オースチン軍曹をつれて、区画整理区域を回る。夜は谷口君らで映画を見る。

英国映画は肩がこる。おふくろ、急に弱る。

×

Fable（注——寓話または伝説）は集中するものだ。

『強くあることなしに幸福はない』（映画のセリフか？）」

×

・「一二月一四日

母、没す。午後四時三〇分。（注――母は義母あさ、享年八〇）

蕭々《しょうしょう》たる雨である。

折悪しく、ＧＨＱに行き、炭を取り野菜を買ったため、最期《さいご》に間に合わず。

静かなおわりであった由。

その点、うれしい。」

・「一二月二九日

午前、吉田総理に会う。

金森、森、島居、今野氏らとである。好い爺さんであるが、総理意識が少しく臭い。

我々の間にも醜い断面が出る。

後味の悪いことである。」

・「一二月三〇日

（前略）

夜、荒畑寒村の『日本社会主義運動史』を読む。全巻――特に大逆事件前後を読んで極めて感激す。近来にない読後感である。

最近の自分の脳中去来事、総べて児戯のタグィ。

子供達をしてこの道にさめしめんことを憶う。

×

本日、（正宗）白鳥の『自然主義盛衰史』をも読了す。

結局彼は自然主義文学者達が、文学のねらいとしては正しかったが、その方法論に於いて、身辺話であり、本能の末梢にかかずらったことを非難している。」

二三年に『私達の都市計画の話』（兼六館）を刊行した。

昭和二四年。

•「一月九日から一一日まで八丈島視察」

•「一月二七日

（前略）

福田武雄氏（東大第二工学部教授）から『論文は無事通過しました。おめでとう』との電話。欣快、一生のこと成る。家族のものも皆『おめでとう』と云う。
（中略）
一生の中の最も楽しきクライマックスであろう。
道路課長になった時
勅任官になった時
大学の講師になった時
都市計画課長になった時

自画像（戯画、石川家蔵）

局長になった時
そして今度である。
いずれも極めて低俗な出世段階と云えば云える。
然《しか》し都市計画地方委員会技師と云う所詮めぐまれざる道の終わりに伍して、兎《と》も角一度の仕上げ、かつあり得たものである。」

•「一月二九日　土曜日　快晴
（前略）午後一時から千代田生命で講演する。今日初めて工学博士と紹介される。
×

下腹部が痛む。午前中頭痛であったため、解熱剤を飲む。それが胃を痛めている。併せてすこぶる消耗する。

×

Railに乗らねばならぬ。

一、広場の勉強

二、自転車のこと

三、Fairy Tale about City(都市のおとぎ話)を考えなくてはならない。」

•「一月三〇日　日曜日　快晴

早朝、長崎神社へ(博士号取得を)報告、祈禱に出る。

社前清掃せられ、陽光が整然と溢れている。総てが『整然』としていて、あたかも『報告』を待つがごとくである。過去特に今回のことを謝し、今日の人類奉公を誓った。

×

二・三日来、下腹部痛く、便通過多の様子である。」

•「二月四日　快晴

(前略)

いろいろ書きもの、たまる。
『ひろば』　一〇〇枚位（原稿枚数）
『童話』都市　五〇枚位
『新都市』　五〇枚位
『東京のすがた』　五〇枚位」

・「二月八日
（前略）

夜、身内の大学生とコタツでコミュニスト（共産主義者）のあり方について語る。日本のコミュニストはキリスト教を経てないので愛情の点で本質的ではない、だからゼスチャアがかるい！　あせらぬことだと説く。それより勉強を怠ってはならない――と説く。」

・「二月一七日
（前略）

学位のこと成り、一生涯の一応の結末つく。

かつて自分は一生都市計画地方委員会技師に終わるものと思っていた。それが道路課長となり、都市計画課長となった。これで一段落と思ったら、局長になり、学位を貰った。

思ってても見ないことであった。これで俗事一応成る。これからはいっさい私を捨てて社会のために尽くす積りである。」

・「二月一九日　快晴
（前略）
直さなければならない
直さなければ申し訳ない
向後氏の
〝人を皆容るる笑顔を持ち歩き〟
を座右の銘とする。（注——向後氏は不明）」

・「五月一〇日
かなしみの　きわまる時よ
砂山の　砂にも似たる
よろこび　涌くも
気に入りし　万年筆を手に入れて
書くこころよさよ

いささかのよさ

×

晩春の人等　何となく　不機嫌に
啄木の　日記悲しき　遅春から
犬として　たわむる庭や　おぼろ月
かなしみの　心静まる　眼に若葉
気に入りし　万年筆や　青葉かげ
妻はねて　日記に更ける　春の夜
ツルゲーネフ（ロシアの文学者）　閉じて　春灯消しにけり
『さが』のみが『さだめ』となる。」
（以下、記述なし――引用者）

二四年に『社会科文庫　都市計画と国土計画』（三省堂）を刊行した。
このころ、目白の自宅庭園を「微風草苑」と名付けた。

◇

東京都建設局長石川が推進する戦災復興計画は、昭和二四年（一九四九）四月のドッジライン導入による超緊縮財政政策によって計画の大幅縮小を余儀なくされた。「石川プラン」の挫折の始まりである。広幅員街路の緑地帯は実現しなくなった。区画整理は新宿、渋谷、錦糸町など一部の駅前で実現するにとどまった。この中でも異色を放つのは、新宿歌舞伎町の区画整理事業である。事業は実業家鈴木喜兵衛という民間人の尽力によるが、「歌舞伎町」と命名したのは石川であった。

　石川は技術官僚でありながら都市計画全般にわたって論陣を張り同時にその実現に向けて実践した行動の人である。歌舞伎町の事業は、地元の角筈《つのはず》一丁目北町会長鈴木喜兵衛が呼びかけて、戦後いち早く二〇年一〇月につくりあげた復興協力会が母体になっている。鈴木は「道義的文化地域」の建設を掲げた。相談を受けた都市計画課長石川は「芸能中心文化地区建設計画」を立て、これに基づいた区画整理を実行することにした。新宿第一復興土地区画整理組合は二二年一二月三

焼け跡の新宿駅前通り

歌舞伎町（現在）

日に設立され、二〇日に設立総会を開いた。

計画は、石川の年来の理念「盛り場の研究」の実践であり、市立第五高等女学校の跡地を中心に広場、大劇場、映画館、子供劇場、演芸場、総合娯楽館、ダンスホールなどを設ける。国鉄（現ＪＲ）新宿駅とこの文化施設群を結ぶ通りを商店街として繁栄を目指そうというものであった。この中には、歌舞伎劇場である「菊座」の建設計画が含まれていたので、町名も歌舞伎町としたのである。「菊座」の設置は失敗したものの、地球座、オデオン座、ミラノ座、新宿劇場、東宝コマ劇場、東京スケートリンクなど、映画館や劇場といった文化施設一五カ所を含む一大レジャー・センターがつくられることになった。ここには西武新宿線のターミナル駅も設けられ、地域への交通の便も確保された。

「菊座」が計画された敷地に建てられたのがコマ劇場であり、その前には小さな広場が設けられた。当初は都電の終点からコマ劇場に通じる道にも中央分離帯と小さなロータリーが計画された。だが、途中で取りやめとなった。土地の提供を最小限に抑えたい地主たちの根強い反対で実現できなかった。いずれにせよ、この地は戦後の理想主義的復興計画の象徴のひとつだったのである。住民参加の町づくりの手本《テキスト》といえる。昭和三二年一月、歌舞伎町建設の由来を記した記念碑が建てられ事業の完成を祝った。

◇

石川には、都心の露店や闇市の排除・整理の前に別のやっかいな問題があった。農地問題である。

露店整理の現地調査（石川家提供）

問題は農地解放に伴って起きた。郊外の区画整理事業や公園緑地の計画地が永久農地となれば事業の実現には大きな支障となる。しかしこれは「泣く子も黙る」ＧＨＱの占領政策であり小作農家の農地確保の意志は揺るがなかった。この用地問題での交渉や説得で忙殺された期間に、石川の頭髪は真っ白になり体重も減った。歯も抜け落ちた。そして、農地問題の後に表面化したのが道ばたに軒を接して並ぶ露店の整理であった。

ＧＨＱからの指令があり、整理と同時に露店で生活の糧を得る約一万人の生活再建を考えなければならなかった。昭和二四年八月のことである。東京ではＧＨＱから都知事、警視総監、消防総監にそれぞれ指令が出された。東京都は知事の意向を受けた石川の判断で露店整理連絡委員会・地区露店整理斡旋《あっせん》委員会を設置し実施に着手した。都の整理方針は露店業者の転職斡旋と代替地や店舗の紹介だった。二年後の二六年末には道路上の常設露店は東京都から姿を消した。ＧＨＱの厳命は遂行されたのである。結局そのためには、土地と財源を用意する必要があり、石川は道路・広場・公園をつぶしてしまったことを後悔した。

「彼は頭の先から足の先まで、満身これ都市計画の鬼に憑《つ》かれていたということができる。その中で命を賭して、当時非常に困難とされていた東京中の露店の撤廃を完了させたことは、その背後に占領軍の強権があったにしても、彼の生涯中、最大の功績として後世に伝えられてもよいものと思う。多数の命知らずのテキ屋連中に、深夜自宅を襲われたり、街中で幾度か悪漢らに取り囲まれたりしながらも、よくこの難事をやり遂げた彼の熱意に対して、私は深い敬意を表さずにはいられない」（『都市に生きる―石川栄耀縦横記』（根岸情治））

早稲田大学教授・都市計画家、鈴木信太郎は『私の都市計画生活―喜寿を迎えて―』の中で回顧する。

「戦後、石川さんが一番苦労したのは、最後に例の露店商の整理なんだよね。あれはGHQの指令なんです。都内に確か三万軒くらいあったのかな。その露店商を全部路上から排除しろと命じられた。あれが最後に一番苦労されたのじゃないかな。それで、その露店商が自立できるような地下街を提供したり何かしたよね」

石川は、精神的苦痛を忘れようとするかのように内外の文学作品をしきりに読み映画を鑑賞した。島崎藤村の晩年の最高傑作『夜明け前』（上・下）を一気に通読して感動した。幕末・明治維新の一大激浪の時代に翻弄された知識人（国学信奉者青山半蔵、藤村の父がモデル）の悲劇に心打たれたのであろう。木曽馬籠宿の本陣・大庄屋青山半蔵は義母の養育の中で成長する。石川も同じ運命であった。

「広告かぞえ唄」を、都建設局長石川は新聞に寄稿した。

〈広告かぞえ唄〉

一つとせ　広い東京の美しさ、広告なければタダの町
二つとせ　不思議に繁昌するお店、それは広告するお店
三つとせ　見事上がったアドバルン、富士が見えます日本晴
四つとせ　嫁にやるまい広告屋、色で苦労をする男
五つとせ　いつもこの道通りゃんせ、ネオンサインの人通り
六つとせ　ムリなスポンサ審査員、気持解《わか》るか此れ女房
七つとせ　なぜ此の道捨てらりょう、うれしがられてたよられて
八つとせ　やがて日本の広告が、花のパリを飾ります
九つとせ　ここが度胸のきめ所、広告一代名は末代
十とせ　共にスクラム組みましょう、みんなうれしい友ばかり

リベラリスト石川の詩才と類いまれなユーモアのセンスを称えたい。

第九章

都市計画と大学教育と

早すぎた晩年

あるべきや
たたかいというもの
人の世に
……石川作「おきなわ」

考えれば「芸術」は、全部「心の窓」なのである。
……石川作「秋風抄」

茶のぬくみ　しばらく秋の　中にいる
……石川作俳句

きき上手　いて秋の夜は　秋らしく
……同前

フラッシュ・バック………都市計画は人生本道に通じる

「彼はまさしく六〇歳になっている。三年ほど前に工学博士の称号を受け、東京都の都市局長を勤めていたが、一ヵ月ほど前にその職を勇退し、近々早稲田大学の教授として迎えられようとしている。

『大学の先生は楽しいと思う』

と、長い沈黙の後、彼はまたポツンと言った。

『大学の先生は楽しいヨ』

私は改めてまた彼の長年の労苦をいたわる気持で答えた。

まっ黄色になったすすきの群が、ゆるく波打っていた」

「人生六〇年の歳月は、人の心を本来の姿にまい戻す。

少年の頃からいやと言うほど見せつけられてきた彼の懐疑と孤独の心が、豊かに晩年の彼を養ってくれるだろう。

それにしても、年月の経過は何と早いものであろうかと、私は今更のように驚き、悲しみ、過ぎ去った若き日の数々をいとおしく思い出すのだった。

『然《しか》し、勉強はせにゃなるまい』

彼は自分の志してきた学問の結論が、まだまだ容易でないことを知っている。殊《こと》に、長年世俗的な世界の中に、学問を埒外《らちがい》に置いて、多忙な日常生活をしてきただけに、単独に学問だけの世界に這入り込む段になると、やっぱり一種の不安がこみ上げてくるようであった。

『長いことくだらなく心を使ってきたからなア』

この言葉の底には、私に対する幾分の弁解も含まれていたに違いない。

『何しろ俺という男は、預かった金を一寸でも使うと、すぐ顔色に出る男だから……』

不羈奔放《ふきほんぽう》に見えて、その実、足の先まで神経を使わずにはいられない彼の性格が、この述懐の中からハッキリと窺《うかが》い知ることが出来る」（『都市に生きる—石川栄耀縦横記』（根岸情治））

石川は晩年随筆「都市計画の道」で言う。

「考えて見れば『平凡であろう』と思いつつ歩き出した道であったが、存外に波乱のある道であった。然し『歩いて好かった』と心から思っている。何かこの道（都市計画）は人生本道に通じるような気がするのである」（『余談亭らくがき』）

◇

昭和二四年（一九四九）二月一五日、石川は東京都の戦災復興計画をもとにまとめた論文「東京復興都市計画設計及び解説」により、東京帝大工学部より工学博士の学位を授与された。石川の博士論文を審査したのは土木工学科の教授ではなく建築工学科教授高山英華《えいか》（一九一〇-一九九九）だった。高山は昭和九年東京帝大工学部建築学科卒で、東大工学部都市工学科初代教授である。多くの都市開発・計画のビッグプロジェクトを指導しており、二〇世紀日本の都市計画の代表格の一人である。高山は言う。

「私は大学助手時代（昭和一〇年代）に内田祥三《よしかず》先生に都市計画とか農村計画とか都市防災のことを教わりました。内田先生はやはり初め都市計画の方に入られていまして、私を都市計画東京地方委員会というところに連れていかれました。その当時の役所のラインは、いわゆる法律の方々が持っていて、非常に強い権限の内務省でありましたが、そこにスタッフとして都市計画委員会の勅任技師に土木の石川栄耀さんと建築の菱田厚介さんと造園の北村徳太郎さんがおられまして、この三人の方に私たちの年代は非常に薫陶を受けました。その方々は非常に人間性に富んだ幅広い方でして、現在我々が考えているようなことは、当時その先生方は全部考えておったという感じを今（昭和五〇年代）持っております。（中略）とくに石川栄耀さんは、話術の大家で、また〝盛り場の研究者〟としても有名で、都市計画のソフト面を大切にする人でもありました」（高山英華『私の都市工学』）

高山が石川を「都市のソフト面を大切にする」技術者ととらえていることは注目に値する。石川が東京都復興計画の目的を十分に達成しえなかったのは、東京都知事安井誠一郎が都市計画のソフト面の理解者ではなかったからである、と言えよう。

復興計画の財源不足に悩んだ石川は、首都東京への特別の財源措置を期待して「首都建設法」の制定に向けて奔走する。昭和二五年（一九五〇）六月にこれが成立すると、翌二六年九月東京都建設局長を退官した。五八歳。同時に初代の東京都参与（相談役）となった。彼は長い役人生活に終止符を打って私大の大学教授に転身した。

◇

昭和二六年一〇月一日、石川は学友青木楠男《くすお》（橋梁工学者）の要請もあって早稲田大学理工学部土木工学科教授に就任した。学部長は教授就任を祝して房のついた角帽と黒いガウンを贈った（角帽は同大学理工学部の中川研究室に今も保管されている）。石川はこの角帽とガウンを愛用した。同時に請われて同大の落語研究会顧問に就任した。早大落語研究会は、二八年早大工学部教授石川と文学部教授暉峻康隆を顧問にして発足した。文学部助手だった興津要は理論的指導者として、また落語界と学生のつなぎ役として働いた。柳家小さん一門をはじめ文楽、円生、志ん生など当代の大看板を招いて鑑賞会を開いた。彼は、東京都立大学や日本大学でも非常勤講師を務め、東京教育大学（現筑波大学）や都内の私立大学に進んで出かけては都市計画に関する講演を行った。

「〈学問〉

彼の篤学な友人であるA氏（青木楠男）は後日彼の活動の激しさを同情しながら『新しい学問を確立するということは、あれだけの熱意がなければならないし、殊《こと》に彼の学問の分野は極めて広い社会全般の生活を基礎としているだけに、恐らく狂気じみた活動が必要であったらしい』としみ

石川の角帽（早大中川研究室蔵）

じみと語ったことがある。然《しか》し、彼の工学博士の学位が『東京復興都市計画設計及び解説』であったにしても、真実は『都市計画及び国土計画』への指向であったことは充分窺われるし、彼自体としても、その学問の完成に懸命な努力を払っていたことは疑う余地もない。彼の代表的著書である『都市計画及び国土計画』の昭和二九年五月発刊新訂版の序文を見ればその点がよく理解される」(『都市に生きる―石川栄耀縦横記』(根岸情治))

昭和二六年一〇月、都市計画学会が石川をはじめ北村徳太郎や秀島乾らの献身的努力で創設された。初代会長は内田祥三(一八八五-一九七二)で、彼は東京帝大建築学科卒。東京帝大教授を務めた後総長となる。昭和四七年文化勲章を受章した。市街地建築物法や建築基準法の制定に貢献している。石川は初代副会長として初代会長内田祥三、二代目会長笠原敏郎の両氏を補佐した。実質的には会長であったといえる。石川の没後その業績を偲び、同学会に「石川賞」が設けられた。生前に収集した膨大な内外の書籍や資料を(財)都市計画協会が譲り受け「石川文庫」が設けられた。昭和五八年(一九八三)に英仏独語の外国語文献約二〇〇〇点を集大成した目録「石川文庫、洋書目録」が同協会から刊行され全国の大学や研究所に配布された。

◇

石川の講義ぶりは独特でエネルギッシュなものであり、他の追随を許さない破格な内容だった。教壇に立つと、まず上着を脱ぎ、ワイシャツの腕をまくりあげて、豊かな白髪を振りあげて「サア、やるぞ」と声をかけるところから始まった。落語愛好家らしいベランメイの早口で、黒板にさらさ

講義風景（早稲田大学教授時代）

らと地図を描きながら内外の多くの都市の実例を引いて都市計画を論じた。講義内容は都市美や都市経営が中心であった。美しい都市として名前が挙がったのは、日本では盛岡、萩、新潟、金沢など山と川がある伝統を誇る都市であった。外国の都市では、オーストラリアの首都キャンベラ（人工都市）をよく例に引いた。さらに「広告は現代都市生活には必要なものであるから、単に規制するだけでなく都市美の構成要素として積極的に評価すべきである」と語った。都市における広場の重要性、水辺の景観を重視すべきこと、さらには盛り場の役割も強調した。「心のぬくもりのある都市づくりを目指したい」が口癖だった。大学院の講義では、机の上にバターピーナツを広げて、ひと粒ずつ口に放り込みながら学生のレポートに耳を傾ける時もあった。教壇で学生の差し入れた焼き芋を頬ばりながら講義をしたこともあった（昌子住江教授の教示による）。

「〈教壇のひとりごと〉

私は教師が生徒に向かう時も、常に本当の話をしなくてはならないと思う。何も知らない生徒に、初めて知識を入れようと言うのである。活字が発声しているような話で何が理解できよう。教室は生徒にとっても、先生にとっても、かえがたい人生の場である。意味のないカスのような人生時間であって良いはずがない。お互いの心が通い、話はその使者として、楽しく行きかわなければならない。私はこの間数学の本を実に久しぶりで見た。世の中に、こんな面白い学問があったかと思った。こんなものをどうして学校で嫌がったのだろう。

それは先生の講義が、生徒にはどうでもいい、というふうな独りごとであったからである。生徒は講義の前で快き惰眠《だみん》をむさぼっていたのである。その証拠には、話のうまい先生の学科だけは、私も殆《ほとん》ど満点をとっていたようだ」（『余談亭らくがき』の「余談亭余談」）

優れた〝教師論〟または〝教育論〟だと考える。

石川は、酒は飲まずタバコもたしなまなかった。彼は明治時代生まれの男性には珍しく講演旅行でも視察でも、夫人同伴で出かけた。「彼は如何《いか》なる場合も、どんな遠い、長い旅行でも、必ず彼の妻を連れだした」（根岸情治）。夫婦そろって「宇宙旅行会」（本部東京）に加入している。本気なのかジョークなのか、不明である。

多忙の中、休日には妻や娘たちを映画や観劇に連れて行きレストランで食事をして帰るのが常だった。犬、猫、アヒルなどペットを飼って彼独特のユーモラスなあだ名をつけ家族同様に可愛がった。都市計画のコンサルタント会社設立も考えていたようだが、逝去により実現しなかった。

◇

敗戦後、都市計画家石川は都市文化活動として自身がかかわる文化活動を開始した。昭和二六年（一九五二）六月、放送芸能人徳川夢声を会長に「ゆうもあ・くらぶ」を結成した。「ゆうもあ・くらぶ誕生」を報じる新聞記事である。

「〈暗いツユ空も吹き飛ばす〉

つゆ空のようなウットウしい世相に、ユーモアの風を吹き込もうと長崎抜天さんの頭取りで一〇日午後二時『ゆうもあ・くらぶ』が誕生、丸の内東京会館別館に宮田重雄、徳川夢声、長崎抜天、市川三郎など一騎当千のメンメンに石川栄耀、東山三六、松内則三など約三十名が集まって会長に夢声老を戴《いただ》いた後、旅行会、ユーモア講習会で地方や職場に進出し、国民の頭をもみほぐそうと、トンチやユーモアに功績のあった人には文福茶釜のバックルで腰を飾らせ、おへそで茶を沸かさせよう……と会の運営についてカンカンガクガクの論を戦わせた」

目白文化協会（中央和服・石川、石川家提供）

次いで石川は、東京・豊島区目白に自宅があったことから目白在住の知識人らを集めて、徳川義親（旧尾張藩藩主末裔）を会長に「目白文化協会」を設立した。彼はこうした文化活動を「建設されざる都市計画」と呼んだ。毎月「文化寄席」を開き知り合いの文化人、学者、音楽家などを招いて講演会や演奏会を開いた。柳屋小さんなど落語家や芸人との交流も深めた。

「『おそろしく頭の回転の速い男』とさすがの徳川夢声も感嘆したという話があるが、若《も》しそこに相手との競争意識でもあろうものなら、彼の話術は駄々っ子みたいに火花を散らす」（『都市に生きる―石川栄耀縦横記』（根岸情治））

石川自作の「目白文化協会の歌」（無題）を紹介する。

丘の上の白い路
そよそよと風は流れるよ
赤い屋根　青い並木
目白の里は美しいよ

思い出の文化よせ（寄席）
桔梗屋の日曜よ
のみの市
ハイキング
目白の里はたのしいよ

人の世の友と友
ただまごころをたのしめる
雪のあした　雨の夕
目白の里はなつかしいよ
（原文のママ）

「〈文化寄席〉
終戦直後、まだ世相が混沌として心のよりどころに、多くの人達が途方に暮れていた頃、何かしら明るい希望と夢とを持ちたいと、彼（石川）は目白の住人を中心として目白文化協会なるものを創ることを発議した。発議した仲間は、慶応大学の先生である長尾雄、音楽評論家の田辺尚雄父子、美術愛好家の升喜商店社長升本喜三郎、尾張の殿様徳川義親、三つ輪石鹸の三輪善兵衛、美術家の大久保作次郎、彫刻家の夏目貞良、東京日日新聞の小野七郎、詩人の下位春吉、洋画の吉田博父子、後に参加したのが、田中耕太郎、柳沢健、建築家の堀口捨巳博士、理学博士の桂井富之助、地主の岩崎賢吉、芸能人の宝井馬琴、小説家の船橋聖一等などで会員数約五〇人。会長に徳川義親、事務長に石川。まず日曜日ごとに例会を開くこと、毎月一回それ等の人達で街の人達の為に会合を開くこと——これが『文化寄席』という名で三年ぐらい続いた」（『都市に生きる—石川栄耀縦横記』（根岸情治））
「徳川夢声氏はその時の様子を彼の告別式や追悼会などの時に語って『色の黒い、チョビ髭をはやした男がやってきて、ベランメー調子でしゃべるは、しゃべるは、恐ろしく頭の回転の速い男で、後で聞いたら、これが工学博士で東京都の建設局長であるというので、すっかり驚いた』」(同前)

会員の石川評である。

「(石川は)お役人時代にこれぐらい役人離れのした人も珍しかったでしょう。工学博士で、都建設局長だなんてものものしい役柄の人とは到底思えないほどで、まず、世話好きな街のおじさんといった人柄でした」(同前の「序」(徳川義親談))

「(石川は)技術者というよりは、ジャーナリストらしい闊達な様子でよく私を煙に巻いた。いつも恐縮しているような格好をしていたが、腹の底では人を食ったようなところもかなりあった。然し、神経のよく行きとどいた、間口の広い文化人として私は長い間親しくお付き合いをしていた。言いたいことを言って人に憎まれなかった点、人の虚をついて人を傷つけなかった点、人柄といえば云えないことはないが、結局は私心のない正しい人だったからだと思う。国土計画とか都市計画とかいう仕事に、石川君のような理想家肌の性格の人がいなくなったことは誠に惜しい」(同前の「序」(政治家藤山愛一郎談))

二六年に『都市美と広告』(日本電報通信社)を刊行した。

◇

二七年、復興区画整理第一地区に指定していた麻布十番地区の土地区画整理がまとまり、モダンな商店街広場が生み出された。自称〝ロマン派都市計画家〟の石川は首都高計画にもかかわり、ビルの屋上に首都高を通すというアイデアを生み出す。公務から解き放たれた石川は多忙であった。「日本の主な都市を名都たらしめたい」。彼はそう念じた。全国各地の求めに応じて都市計画に関する指導や講演に飛び回った。札幌、栃木、船橋、上田、伊東、芦屋、盛岡、名古屋、市川（千葉県）、岡谷、熱海、四日市、津、岩国……。戦後一〇年間に指導に当たった都市は一五〇ヵ所を超えた。四日市市総合都市計画は大きな成果のひとつである。

麻布十番（現在）

「香り高いコーヒーを欲し、高度の文化的教養を希望し、洗練された都会的雰囲気を愛した彼は、全国の小都市の如何《いかん》ともなし難き低調な文化意識と施設とに満足することが出来なかったと思われる」（根岸情治）

◇

アメリカ施政下にあって本土からの渡航が難しかった沖縄にあえて出かけて昭和二八年、三〇年の二回にわたって、戦禍の残る那覇市の都市計画に関する技術指導を行った。芝浦工専（現芝浦工業大学）の教え子である那覇市の都市計画課長花城直政の依頼によるものだった。ここに石川のヒューマズムの精神を見る。視察には夫人清子が同伴した。太平洋戦争の沖縄戦では、石川の妻の実家梶原家で働いていた桜庭《さくらば》家の次男が戦死している。

沖縄の戦中戦後史は、「戦争と革命の世紀」と呼ばれた二〇世紀後半の日本を象徴する。血と涙の激動の軌跡を振り返ってみる。沖縄県は太平洋戦争で日米の激戦場となった唯一の島である。

一九年一〇月一〇日、那覇市内は突然米軍機の空襲に見舞われた。二〇年三月、沖縄本島中南部は米軍の大艦隊に包囲され、連日のように艦砲射撃による砲弾の鉄の雨を浴びた。四月、米軍は沖縄本島中部に上陸して、南北に細長い沖縄本島をほぼ真ん中で分断し、主力戦闘部隊を日本軍の防衛線のある中南部へと向けた。日本軍は首里に司令部を置いて、米軍の陸海空からの猛攻に対して必死の抵抗を試みた。「健児隊」などに組織された中学生(旧制)や師範学校生も日本軍とともに戦闘に加わり、またひめゆり隊の女学生たちも従軍看護婦として戦場に駆り出された。その大半が帰らぬ人となった。

制海権と制空権を制圧した米軍は、日本軍の執拗な抵抗と闘いながら首里や那覇など主要な市や町を占領した。日本軍は沖縄本島南端に追い詰められた。荒れ狂う砲煙弾雨の中で、沖縄県民は飢えと恐怖におののきながら、洞窟の中で息を殺して潜み、時には死体をかき分けながら逃げ惑った。十数万人の非戦闘員の死体を野ざらしにして、昭和二〇年(一九四五)六月二三日、凄惨を極めた八四日間の沖縄地上戦は終結した。沖縄県などの資料によれば、沖縄戦による日米の戦没者は、日本側一八万八一三六人、米軍側一万二四二〇人で、昭和二〇年四月一日から六月末までの三カ月間に米軍が発射した砲弾数は実に二七一万六六九一発にも上った。

沖縄の戦場跡に立つ（左:石川、中央:清子夫人、石川家提供）

巨大な消耗戦は、日本の無条件降伏で終わった。米軍は沖縄上陸後、「日本帝国政府のすべての行政権の行使を停止する」（ニミッツ布告）と宣言し、軍事占領を始めた。昭和二五年九月に発表された対日講和七原則には、沖縄や小笠原諸島の日本本土からの分離が宣言された。沖縄県民は即座に反発した。二六年四月、日本復帰促進期成会が結成された。復帰運動の高まりにもかかわらず、日本政府はサンフランシスコ講和条約とそれに基づく安全保障条約に調印した。これ以降、復帰運動は米軍の弾圧をうけたものの県民の大多数に支えられてその運動の輪を広げていった。

◇

昭和二八年（一九五三）、二週間にわたって沖縄を視察した後、那覇市長に提出された「石川構想」の骨子である（早大工学部講師秀島乾が作成に協力した）。まず巻頭に述べる。

「都市計画というものは、都市を造る技術である」

「出来るものが出来えない。そこで私は日本には法外都市計画というものがあるべきだと唱えているのです」

「法定、法外、併せての官民一体となっての都市計画であります」
「結論的には、
一、少なくとも区域は先ず二市二村（那覇市、首里市、小禄村、真利志村）を合併すること。
二、理想としては、その外にも及ぶべきである。
三、人口は大那覇市の計算において一〇年後二五万人として考える。」

「産業計画としては、
一、ともかく産業（或いは総合）研究所を造らなければならない。
二、臨海工業地帯の整備
三、泊港の漁港整備
四、観光及び商業施設の完備
五、市内の衛生整備」

「生活環境としては、
一、排水設備の整備
二、道路網の整備
三、耐火構造の住宅建設

四、文教及び健全娯楽施設の整備」

「ゾーニング（地帯計画）
一、行政中心
二、産業中心
三、文教及び社会中心
四、文化中心（学芸中心）
五、慰楽中心（スポーツセンター、公園、緑地など）
六、医療中心
七、交通中心
八、その他」

◇

「〈虫の好い民〉
日本人くらい虫の好い民族はない。
自分のことばかり考えている。
（自分の不幸ばかり数えている）
他人に与えた迷惑など、考えて見ようともしない。

那覇市（現在、石川構想が実現された）

沖縄の摩文仁《まぶに》の戦場に立って、つくづく自分はそう思った」（『余談亭らくがき』の「おきなわ」ものがたり」）

沖縄を視察した際、地元紙「琉球新報」の求めに応じて投稿した自作の〝琉球歌〟がある。

「戦場を弔う

石川栄耀

△ひじやみたる渡海に
冬雲やたれて
八重瀬石原に
散りたる君
△花すすき招く
摩文仁嶽くれば
時ならん雨ぬ
我が袖ぬらち
△摩文仁岩角に
鉄カブト一つ
うらちさあてど

袖やぬらす

△名護浦にて
名護浦の碧さ
うびちやすさ昔
むぞが腰しめる
帯の碧さ

△名護の浜
名護の白砂や
珊瑚石まざて
我が家の子孫
思どまさる

△大兼久の町にて
かつう嶽みどり
むらさきや恩納《おんな》

桜南城
恋の紅さ
（以下略）」（意味不明なことばは沖縄方言だろうか）。
「琉球新報」は報じている（原文のまま、一九五三年一月二九日付）。
「〈都市計画の石川博士来島、明るい都市建設、甥は沖縄戦で戦死した〉

◇

どんよりと曇った空を衝いて、都市計画の石川博士が二八日午前零時ＰＡＣ機で那覇空港に着いた。又吉那覇市長、嵩原助役、城間市会副議長、その他関係部課長、稲嶺琉石社長、又吉国際商事社長ら多数の出迎えのうち、タラップを真っ先に降りた長身の博士が都計（都市計画）の権威、石川栄耀博士だ。出迎えの波が大きく揺れたと思うと、人垣に囲まれながら又吉市長と熱い握手が交わされる。とたん、花城都市計画課長が『先生』と叫んで恩師の手荷物を受け取ると、『おお、花城君……君は変わっていないね』と肩を叩く白髪の紳士と花城都計課長の師弟愛に結ばれた対面の一コマだった。なにしろ一二年ぶりの対面らしい。ロビーに案内されながら博士は、寒い空っ風ものかわ、『いい天気ですね』『こう暖かけりゃ、月給は安くてもいいですよ』と軽いユーモアを混ぜるほどの元気さだ。又吉市長の紹介で出迎えの人々と挨拶をした博士と秀島乾講師（早大工学部講師）はやがてハイヤーの人となった。

〈国際都市として、那覇、泊港を重視〉

深夜空路来島した都市計画の石川博士と秀島講師はひとまず沖縄ホテルで旅装を解いたが、二八日朝九時、同ホテルを訪れた記者に長旅の疲れも見せずに、次のように語った。

『沖縄行きは三年来の宿望だった。私の甥（桜庭大尉、注——誤記。桜庭大尉は甥ではなく、妻方（梶原家）の住み込み御手伝いさんの次男）は、沖縄戦で戦死した。その意味からも是非本島の土を踏みたかった。教え子の花城課長に会えてうれしい』と喜びを洩らしたりしていたが、那覇市の都計については『まだ見ていないので今どうと語ることは出来ない。ただ自動車の多いことに驚いた。これを見て人口は少なくても近代都市的な設備をする必要を感じた。こういう所はお金も少ないし産業も少ないので、都計もなかなか困難だと思うたが、市の予算は割に組まれているので安心した。首都や国際都市としてはミナトが第一条件だ。都計は港を中心にしなければならない』と良港を強調したが、那覇市の都計については言を避けていた」

このあと、石川は米軍民政副長官オグデン准将を表敬訪問している。

「琉球新報」は再び報じている（一九五三年二月七日付）。

「〈雄大な構想、石川博士・都計の全貌説明〉

那覇市の都市計画について説明のため壇上に立った石川博士は『花城都計課長が今までやって来たのは甲（注——成績の『甲』、最優秀の意）だ。私は先生として威厳を保つために、これに批評を加えねばならず、新聞には書き立てられるし、まったく「こっちの身になってみやしゃんせ」だ。しかしどうやら帰りの船賃位にはなろうと思う構想が出来た』とユーモアを混ぜながら情熱をこめて那覇都計を素人でも分かりやすく説き、約一時間半にわたる長時間、列席の人々に深い感銘を与えた。

石川博士の講話内容はおおむね以下の通り。

▽結論として私が最上の名案として取り上げたものは、全部かつて那覇にあったもので、その点期せずして一致しており、この案は定案だと見てよいと思う。

▽最も苦心したのは那覇市としての形がいびつで、むつかしい形なのを、のびのびとした形にしなければならないと考えた。二市二村（那覇市、首里市、小禄村、真利志村）が一緒になるのは極めて適切な問題だと思う。

▽都市計画に次の問題を考えねばならぬ。①交通、②下水、③基地、④防火防空

▽沖縄は何で食っていくか。①日常生活に対する需要産業、②軍（アメリカ軍）に対する産業、③輸出産業

▽都市計画のやり方は人にある。みんなの建物、住宅、官庁、料理屋、橋を少しでも改めればそれが都計である。

▽道路＝ミナトを離れて那覇はあり得ない。泊港と那覇港にとびこむ二つの線に持っていきたい。（計画は省略）

商店街の都市美協会、市民の防火団体などを設けてもらいたい。直せるドブ板や自宅の壁などをすぐ直してもらいたい。

『起伏に富み水平を持ち漫湖を持ち建築の色彩も屋根が美しく壁は色とりどり、こういう都市は

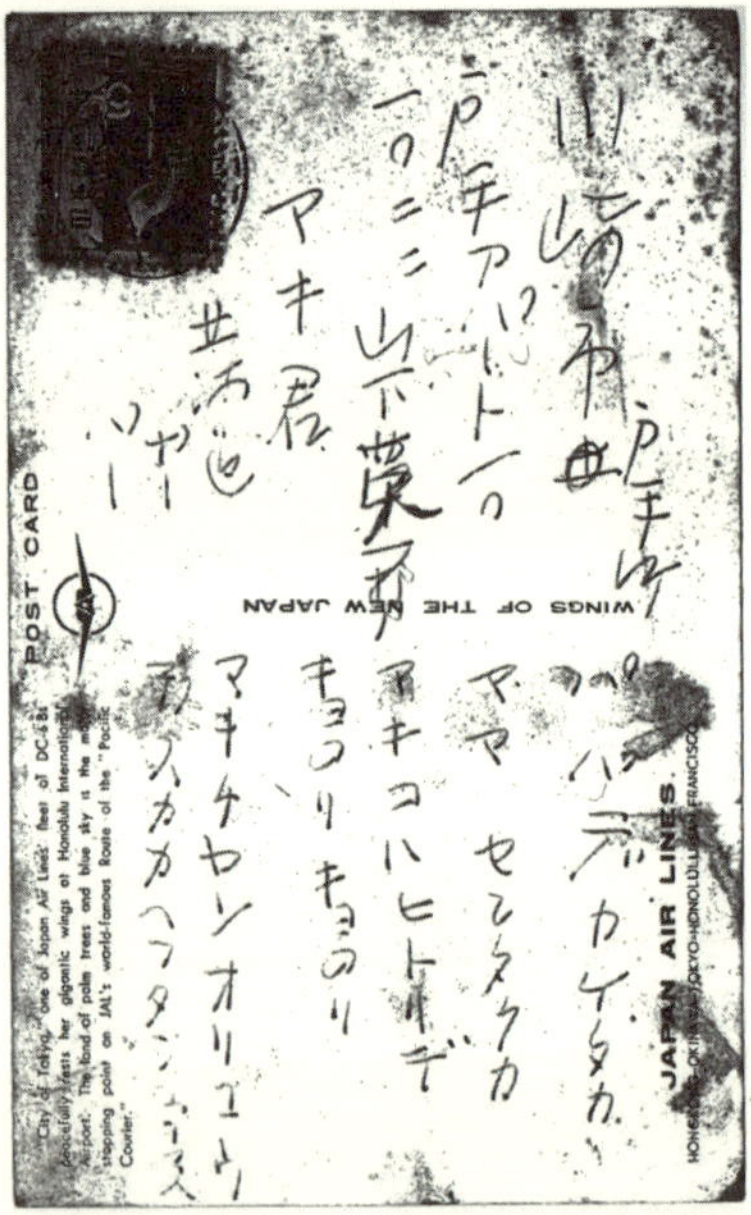

沖縄から孫娘（牧子）宛ての絵はがき、表・裏（カタカナ書き、山下家提供）

日本には他に一つもない。世界の名都としての条件にかなっている』と結んで、『ヤブ医者の見立ても何かに役立てばうれしい』と満場の拍手のなかに午後四時半、説明を終わった」

石川は那覇市を去る前日に市民を対象とした講演「今後の那覇市の街づくりに関して」を行った。講演は当初の予定を越えて二時間半にも及んだ。「講演は初《しょ》っぱなから振り絞るような高い声を張り上げてまるで青年の雄弁大会にでも出ているような熱演ぶりであった」（根岸情治）。これが石川の那覇市民への都市計画に関する遺言となった。

夫婦で沖縄を訪ねた石川は、沖縄から川崎市に住む孫娘山下牧子（次女の長女、当時二歳）宛てに絵はがき（昭和三〇年七月一七日付、原文のママ）をしたためた。

「パパデカケタカ、ママセンタクカ、マキコハヒトリデ、キョロリ、キョロリ、マキチャン、オリコウデスカ、カエツタラ、ユキマス、昭和三〇年七月一七日、ジー、バー」（ジーはおじいちゃん、バーはおばあちゃん）

石川構想は着実に実現された。沖縄県と那覇市は、土地区画整理事業や市街地再開発事業とモノレール駅が一体となった町づくりが高く評価され平成一六年（二〇〇四）に日本都市計画学会「石川賞」を受賞した。

昭和二八年に『社会科全書　都市』（岩崎書店）を刊行した。没後の三一年に『世界首都ものがたり』（筑摩書房）が遺族らの協力により刊行された。少年少女用の美しい装幀の図書である。

◇

昭和二九年から石川は日比谷公会堂は音楽堂ではないとして、ミュージック・センター設立発起人会事務局長を務めた。

石川構想は、

一、建設地——上野公園内竹台高校跡地

二、敷地面積——約二五〇〇坪

三、建坪——地下一階、地上五階

四、建設内容——大ホール（三〇〇〇人収容）、小ホール（七〇〇人収容）。会議場は国際会議などにも使

用する（今日のコンベンション・ホールである）
一、建設費――約一〇億円
二、経営の主体――財団法人
三、建設年度――昭和三〇年を設計期間とし、三一年度より三カ年計画で建設する。

昭和三〇年（一九五五）九月一七日、日本損害保険協会講演のため岐阜県・石川県に出張中に体調を崩した。最後の出張先の石川県七尾市で病に倒れ、帰京後、直ちに次男中《ひとし》（精神内科医）の勤務する東京・文京区の東大付属病院に入院した。医師中が献身的に治療にあたった。苦しみにもだえる石川を見かねた若い医師は、父親の体にまたがって胸にカンフル注射を打ち込み「お父さん、生きていてくれ」と叫んだ。しかし容体は回復せず、九月二六日急性黄色肝萎縮症（今日の劇症肝炎とみられる）で他界した。積年の過労が原因である。超人的活動に終止符が打たれた。それは都市計画という日本では「未踏だった分野」での先駆者《パイオニア》の〈壮絶な死〉と言える。享年六二。戒名は精進院殿学誉篤光栄耀大居士である。青山葬儀場での告別式は、朝から冷たい時雨《しぐれ》が降りつける日となった。芝増上寺の椎尾大僧正の読経に始まり、都市計画研究者飯沼一省《かずみ》葬儀委員長（旧内務官僚、姻戚にあたる）の弔辞から、早稲田大学総長、都知事、友人代表、教え子代表、露店商代表、商店街代表等など一五人の弔辞が次々に読み上げられた。終わりの方では、目白文化協会会長徳川義親のむせび泣くお別れの言葉や〝ゆうもあ・くらぶ〟会長徳川夢声の彼を語るエピソードの数々が披歴された。誰からも惜しまれる早死にであった。最後に落語家柳家小さんが飛び入りで霊前に捧げる「粗忽《そこつ》長屋」の一席があった。さすがに列席者は笑えなかった。『余談亭らくがき』の「落語談議」から引用する。

「小さんの得意の『粗忽長屋』と言うのがあります。あの主人公はクマ公と八公で八公があわて者で、クマがのろまであります。

八公が朝のおまいりに、浅草に出掛けたら、行き倒れがあった。好く見ると、これがクマ公に似ている。あわて者の八公はこれをクマ公だと思い違いをします。そこでこれを本物のクマ公に知らせに行きます。クマ公は、俺はどうも死んだような気がしねえ、などと言って進まない気持ちですが、ムリヤリ連れられて来ます。

浅草の境内は大変な人だかりであります。そこへこののんきな、わけの解らん分裂症みたいな友達同士がやって来る。いよいよ本物のクマ公と、行き倒れのクマ公が対面すると言う、大切な、申さば息詰まるような場面になるのですが、町役人と言うのが出てきます。これが四人目とも言うべきシブ役です。

『オヤオヤ、また来たな。さっきの人だが、困ったな。お前さん好く落ち着いてくれなきゃいけないよ』と言って、二人ののんき者に眉をひそめている。この人間の出し様いかんで、群衆の空気が出るかでないか、決まるのです。

この四人目のいわば脇役を演出できれば大看板、押しも押されもしない一流であります」

石川でなければありえない華々しく、同時にもの悲しい盛大な葬儀は終了した。雨の中を焼香

墓地(東京・小平霊園)

に参集した弔問者は約二〇〇〇人に上った。

「〈石川栄耀の断面――大いなる青年の死〉

北陸地方の講演旅行から帰って来て、『頭が痛む、胸が苦しい』と、次男の勤務している東大病院に入院して三日目、意識全くなく、溷濁《こんだく》、肉付きの良い立派な胸をはだけて、昭和三〇年九月二六日、彼はあっけなく死んだ。遺言もなければ、遺言らしいものもない。家族も友人も、まことにあっという間もなかった。

病名は、急性黄色肝臓委縮症。発病の原因は過労とされる。年齢六二歳。

心身共に無理を重ねて、或いは重ねさせられて、ここ数年間、殆ど休息の間もなく、全国各都市への講演遍歴への結果である。ボヤッとして、のん気な講演旅行の出来なかった彼――そう世間に見えなかったところに、彼の不幸さがあった――彼の生命を性急にむしばんだものと言える。

×

彼はあらゆる階級の人達に知己を求めた。と言うことは、一面、あらゆる階級の生活に興味を持った、ということでもある」(根岸情治)

東京都西の郊外の小平霊園に墓地がある。小平霊園は奇しくも彼の都市計画と美意識が生んだ公園墓地である。首都東京の急激な市街化の進展と人口増加のため、大正初期には墓地不足が深刻化し、東京市（当時）は郊外の東方、西方、北方の三ヵ所に公園墓地の建設を計画した。この計画に基づき、大正一二年には西方の多磨霊園（府中市）、昭和一〇年には東方の八柱霊園（松戸市）を開設した。昭和一九年、北方の小平霊園を計画決定した。このときの都都市計画課長が石川栄耀である。戦後の混乱期に工事に着手して、昭和二三年五月に開園した。

墓碑の近くに彼の詩を刻んだ石碑が立つ。二三年一一月に講演会のため妻清子と茨城県結城市を訪ねた際の詩である。

「好い泊りでした
　月が出ました
　芝生から
　つくばは
　夜も

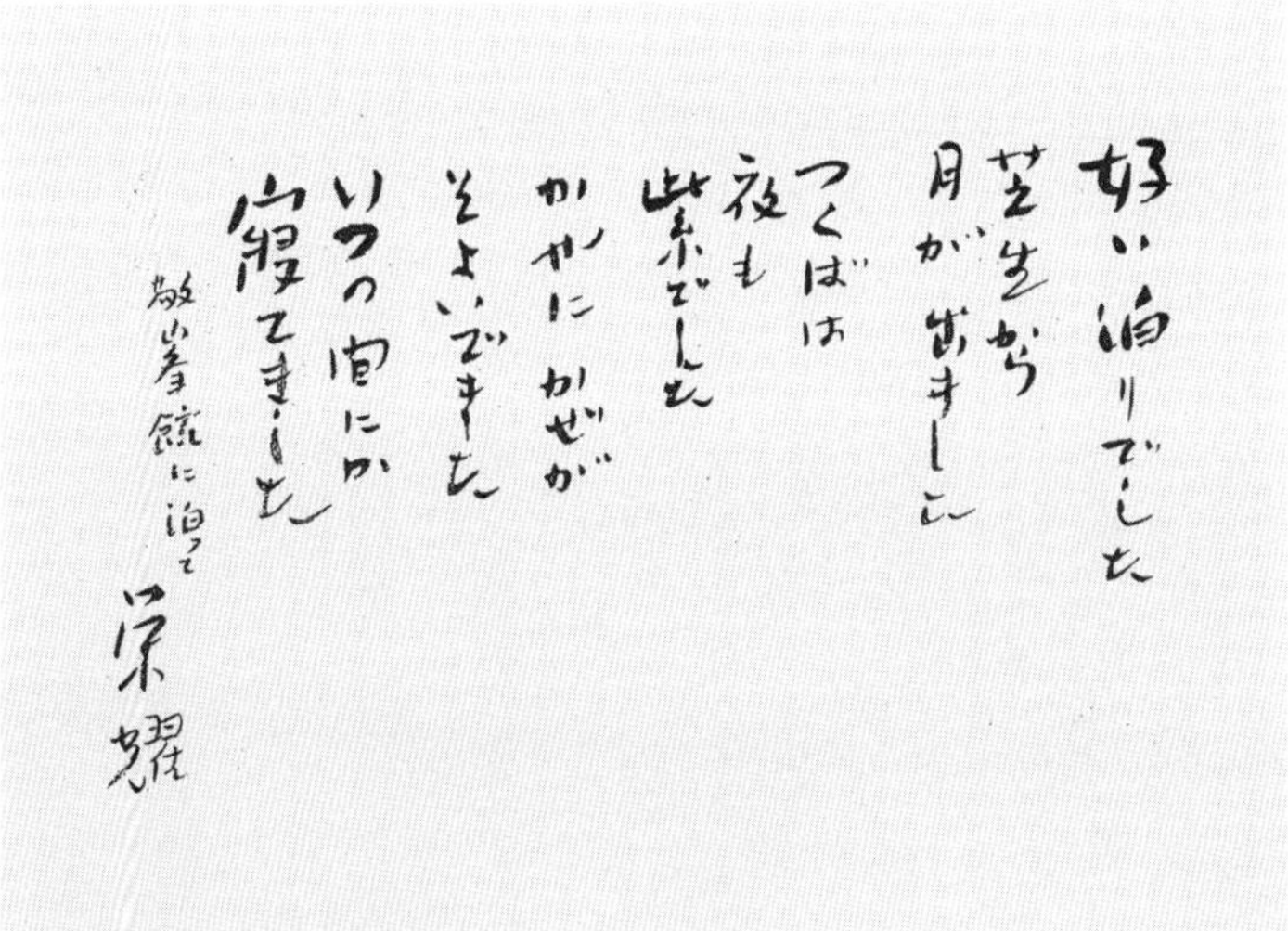

石川晩年の詩（直筆、石川家蔵）

『世界首都ものがたり』（石川の没後刊行、児童用図書）

紫でした
かやにかぜが
そよいでました

いつの間にか
寝てました
　　　　　栄耀」

短い晩年にたどり着いた清澄な心象風景である。

◇

石川はその豊かな文才にまかせて今日確認できる限りでも一八冊の図書を刊行した。没後二冊が発行された。論文、評論、随筆、新聞連載、寄稿文などは確認しようもなく多数に上る（二五〇編はゆうに超える）。いずれも的確な表現力に洗練された文章であり、彼の思索的人格をしのばせる。「石川栄耀は戦前戦後を通じて都市計画界の最大のイデオローグ（注――理論家）」（石田頼房『未完の東京計画』）と高評されるゆえんである。

そのうち児童・生徒を対象にした図書を三冊も刊行している。『私達の都市計画の話』（昭和二三年刊）では、最終行に「社会に対する愛情―これを都市計画という」と持論を記した。『社会科全書　都市』（二八年刊）では「むすび―然し都市和生きている」の中で語る。「何か皆さんの目の前に『都市』というものが浮いてきて、静かに呼吸しているように見えれば幸いです。昔、ガリレオが地動説をとなえ、宗教裁判で裁かれ、無理矢理に『太陽が地球のまわりをまわります』と言わされました。然《しか》し、彼は情けないその法廷を出るときに秘かに口の中で『しかし、地球はまわる』と言ったといわれています。世の中の人が分かってくれてもくれなくても『しかし、私は活きている』と、都市は申しているような気がいたします」

他界から一年後に小学生全集の一巻として『世界首都ものがたり』が刊行された。「首都東京」の章で石川は訴える。「すみずみまで太陽があたる首都、人びとが、みな仲よくすむことができる首都、安心して勉強することのできる首都、たのしい、美しい首都、というようなことは、どうしてもみなさんにやってもらわなければなりません」

一〇月二九日に葬儀礼状が各方面に郵送された。

「故栄耀逝去に際しましては霊前に御丁寧な御香華を賜り心から厚く御礼申し上げます。

お陰様をもちまして立派な葬儀を営むことが出来、本日五七日忌に当り東京都小平霊園に納骨いたしました。

つきましては故人の遺志に基づき、先輩知己各位の御賛同もありまして『石川都市計画文庫』を設け、必要な設備を整え関係の各位にも自由に御活用願いたいと考えましてまことに勝手乍ら御厚志に対する御返礼の程は右文庫に御寄附願うことにお許しいただきます様謹んでお願い申し上げます。

なお文庫のことにつきましては何れまた御報告したいと存じております。取り急ぎ御礼旁々御挨拶申し上げます。

昭和三〇年一〇月二九日

妻清子　男石川允《まこと》」

「週刊朝日」(昭和三〇年一〇月第一週号)は「追悼文」を掲載した。週刊誌が都市計画家を追悼するのは稀《まれ》なことである。

「〈偲《しの》ぶ草〉

お祭りの好きな人だった。大正の末年、愛知県庁で都市計画の技師をしていた頃、商店街の振興策として、いろいろとお祭りを企画した。名古屋の大須祭り、広小路祭り、太閤祭り(中村遊郭)など、石川さんは、みずから山車《だし》を引っ張ってハシャギ歩いたという。

戦後、東京の復興については、まず住居の近くからと、目白文化協会を作った。『市民とは心の集まりだ』といい、青年たちに呼びかけ、商店街の盆踊りに、徳川義親さん等を誘って参加した。シンは寂しがりやで、それだけににぎやかなことが好きだった。落語通で、都内の寄席は木戸御免だった。つまらぬギャグで聴衆が笑うとイヤな顔をした。告別式には、小さんが『粗忽長屋』をやったが、さすがに列席者は笑えなかった」

遺稿集となった『余談亭らくがき』が没後一年目にあたる三一年一〇月遺族らによって刊行された。故人を偲んで知人の桐野江節雄画伯によって油絵の肖像画が描かれた。早稲田大学教授として学帽とガウンをまとった晩年の姿を活写した作品である(裏表紙参照)。昭和三一年度版「経済白書」は「もはや戦後ではない」とうたいあげた。昭和三〇（一九五五）年度の実質国民総生産が、戦前のピーク時を上回ったからである。昭和三一年度の民間設備投資額は前年度比四〇％という驚異的な伸びを示した。

昭和三〇年に政府が策定した「経済自立五カ年計画」は計画期間中の実質経済成長を五％と見込んだが、三一年・三二年のわずか二年間でそれを達成した。日本の景気は建国以来のものだとして「神武景気」との言葉がつくられたちまち流行語になった。歴史に「もし」は許されないが、もし石川が高度成長期に活躍し得たら日本列島にどんな都市計画を刻んだことであろうか。

妻清子は晩年社会奉仕活動に協力した。長寿を全うし、平成六年（一九九四）七月九日他界した。享年九二歳。戒名は光明院殿順誉恵光清妙大姉である。石川の人生を「ヒューマニズムと芸術的感性にあふれる有り余る才能をもてあました日本を代表するリベラリスト・都市計画家の生涯」と評したら語弊があろうか。彼の〝心のぬくもりのある都市づくり〟の理念は永遠である。

初出――
連載「天翔《あまが》けるペガソスのごとく…〈私説〉偉才・都市計画家・石川栄耀」、『月刊建設』二〇〇九年六月号から二〇一〇年二月号、社団法人全日本建設技術協会

石川栄耀 年譜

（『都市計画家 石川栄耀――都市探究の軌跡』［鹿島出版会］参照）

年	年齢	活動	一般都市計画
一八九三（明治二六）	〇歳	九月七日、山形県東村山郡千布村下荻野戸（現山形県天童市千布）にて、士族根岸文夫の次男として出生	
一八九九（明治三二）	六歳	石川銀次郎・あさ夫婦の養子となり、埼玉県大宮へ転居（五歳との文献もある）	E・ハワード『明日の田園都市』
一九〇六（明治三九）	一三歳	銀次郎の栄転に伴い、岩手県盛岡市に転居。浦和中学から盛岡中学へ転校	東京、臨時市区改正局設置（一〇月）
一九〇七（明治四〇）	一四歳	小田内通敏『趣味乃地理 欧羅巴』前編と出会う	内務省地方局有志『田園都市』出版（一二月）
一九一一（明治四四）	一八歳	盛岡中学を卒業（三月）、仙台の旧制二高へ進学（四月）	名古屋、市区改正調査会設置（九月）
一九一四（大正三）	二一歳	東京帝国大学工科大学土木工学科へ進学（四月）	
一九一八（大正七）	二五歳	東京帝国大学工科大学土木工学科卒業（七月）、米国系貿易会社建設部に就職	内務省に都市計画課、都市計画調査委員会（五月）
一九一九（大正八）	二六歳		都市計画法・市街地建築物法公布（四月）

一九二〇（大正九）	二七歳	米国系貿易会社を退職（三月）、横河橋梁製作所技師となるが、半年で退職、都市計画地方委員会技師として名古屋地方委員会に赴任（一〇月）	都市計画法にもとづき、都市計画委員会官制が施行、全国に都市計画地方委員会が設置される（一月）
一九二一（大正一〇）	二八歳	中国出張、大連、北京、漢口（一一月）	「東京市政要綱」（後藤新平）発表（四月） 名古屋、隣接一六町村を市域に合併（八月）
一九二二（大正一一）	二九歳	梶原清子と結婚	東京、名古屋、都市計画区域の決定（四月） 都市計画名古屋地方委員会から都市計画愛知地方委員会に改称（五月）
一九二三（大正一二）	三〇歳	長男允生まれる（一月） 関東大震災に伴い、出張先の四日市から内務省に上京（九月） 欧米視察旅行に出発、イギリス、アメリカ、ノルウェー、フランス、オーストリア、オランダ等を訪問	特別都市計画法公布（一二月）
一九二四（大正一三）	三一歳	第八回ＩＦＨＰ国際会議（アムステルダム）に榧木寛之らと出席、レイモンド・アンウィンと出会う（七月） 長野県上田市の都市計画調査を実施（夏）	アムステルダム会議にて地方計画七箇条決議 名古屋、都市計画街路（四〇路線）、都市計画運河（九線）の認可（六月）
一九二五（大正一四）	三二歳	上田市の都市計画を提案、既存商店街の扱いで失敗、これが契機となり都市経営、盛り場研究に関心を持つ。	東京、名古屋・豊橋、都市計画用途地域の指定（一月）

		「都市創作会」発足、理事となる。 名古屋、土地区画整理の指導監督（一月） 次男中生まれる（八月） 機関誌「都市創作」発刊（九月）	名古屋、土地区画整理施行規程の発布 名古屋、八事区画整理組合の設立認可、名古屋初の区画整理事業（八月）
一九二六（昭和元）	三三歳	中川運河着工（一〇月）	名古屋、都市計画公園新設拡築の認可（一月） 名古屋、白鳥線（中川運河）ほか九地区の土地区画整理組合認可
一九二七（昭和二）	三四歳	第一回全国都市問題会議（大阪）出席、意見発表（五月） 「名古屋をも少し気のきいたものにする」の会設立、世話役（七月）	名古屋、西滋賀ほか九地区の土地区画整理組合認可 第一回全国都市問題会議（大阪）開催（五月） 大東京都市計画道路網計画決定（八月）
一九二八（昭和三）	三五歳	長女恭子生まれる（一月） 照明学会東海支部発足、初代庶務幹事に就任（三月） 鶴舞公園で「大名古屋土地博覧会」開催、入場者数一万人（一〇月）	豊橋、都市計画街路網の計画決定（一月） 名古屋、四地区の土地区画整理組合認可 ＣＩＡＭ結成
一九二九（昭和四）	三六歳	名古屋、中川運河建築敷地造成土地区画整理の設立認可（一月）	富山県神通川廃川敷区画整理、富山県に施行命令（四月）

		名古屋、田代組合区画整理の設立認可、東山公園用地を確保（一一月）	一宮、都市計画街路網の計画決定（四月） 名古屋、第二期都市計画街路の認可（七月） 名古屋、公園祭開催（公園協会主催）、区画整理による公園敷地の獲得（八月）
一九三〇（昭和五）	三七歳	名古屋都市美研究会の発案、後援で第一回広小路祭開催（七月） 第二回全国都市問題会議（東京）出席、報告（一〇月） 次女倫子生まれる（一二月）	名古屋、六地区の土地区画整理組合の設立認可 『都市創作』廃刊、『都市公論』に合流（四月） 名古屋、広小路祭を開催（七月） 名古屋、中川運河完成（一〇月） 岡崎、都市計画街路の計画決定
一九三一（昭和六）	三八歳	照明学会東海支部での研究成果をまとめて、照明学会誌に「照明効果と明日の都市照明」を発表（一月） 都市研究会主催都市計画講演会（岡山）出席、報告（三月）	名古屋、六地区の土地区画整理組合の設立認可 耕地整理法と都市計画の改正、市の区域内の耕地整理を禁じ、都市計画法の区画整理を推進（三月） 都市計画法改正、一般土地区画整理施行地区でも建築敷地の強制編入を認める（四月）

一九三二（昭和七）	三九歳	郷土教育連盟から処女作『都市動態の研究』を出版（六月） 満州国政府の都市計画課長の席を用意されるが辞退（年末）	市街地建築物法施行令、同規則の大改正施行（二月） 東京の市域拡張、一五区から三五区に（一〇月） 内務省に東京緑地計画協議会発足、南関東圏のレクリエーション緑地計画を検討（一〇月） 名古屋、三輪町線区画整理組合設立、既成市街区域における初の区画整理
一九三三（昭和八）	四〇歳	第三回都市計画主任官会議（東京）出席（八月） 都市計画東京地方委員会赴任（九月） 三女圭子生まれる（一二月）	東京緑地計画協議会第一回総会、緑地の定義、分類基準を確定（一月） 満州国国都建設計画法（一月） 都市計画法改正、すべての市、町村に独立適用（三月） 名古屋、東山公園開園（三月） 土地区画整理設計標準の制定（七月）
一九三四（昭和九）	四一歳	慶州、京城に出張	東京、新宿駅西口駅前広場事業認可（四月）

		名古屋にて名古屋新聞社長や児童芸術研究家らと空想座談会に参加（三月） 第四回都市問題会議（東京）出席、商店街の美化統制について報告（一〇月）	第一回全国都市計画協議会（静岡）開催（五月）
一九三五（昭和一〇）	四二歳	広島商工会議所からの招聘を受け、広島にて「盛場及商店設備に就いて」の講演（二月） 広島商工会議所による東京の盛り場視察受け入れ、指導（三～四月） 名古屋都市美協会発会式、「名古屋見物」講演（四月） 第二回全国都市計画協議会（福岡）出席、報告（六月） 広島都市美協会創立、顧問に就任（六月） 四女玲子生まれる（一一月）	東京都都市計画用途地域の変更（七月） 土地区画整理研究会『区画整理』刊行（一〇月） 名古屋、大須土地区画整理組合設立
一九三六（昭和一一）	四三歳	自ら主唱して、商業都市美協会設立、会務委員に就任（二月） 京城（ソウル）で開催された朝鮮都市問題会議にて招講講演、その後、平壌、大連、新京、吉林、ハルピン、奉天の各都市を訪問（四～五月） 第五回全国都市問題会議（京都）出席、報告（一〇月） 東京府が商店街振興委員会設置を告示、委員に就任（一一月）	東京市、土地区画整理助成規定施行（一月） 第三回全国都市計画協議会（富山）開催、関東国土計画試案、近畿地方計画等発表される（五月）

		都市計画東京地方委員会内での関東国土計画試案の作成に中心的役割を果たす	
一九三七（昭和一二）	四四歳	第一回全国都市美協議会（東京）にて招待講演、都市美協会の活動を痛烈に批判（五月） 第四回都市計画協議会（札幌）出席、報告（七月） 都市研究会主催第七回都市計画講習会（箱根）で講義、テーマ「土地区画整理と都市計画事業」（八月） 照明学会照明知識普及委員会より著書『盛り場の照明』出版（一二月）	防空法公布（四月） 第一回全国都市美協議会（五月） 内務省計画局設置（一〇月） 名古屋、東山公園に植物園開園（三月）、動物園完成（一二月）
一九三八（昭和一三）	四五歳	上海新都市建設計画策定のため上海出張、街路計画ほか「大上海都市計画歓興地区計画」など作成（五月） 第六回全国都市問題会議（京城）出席、報告（一〇月）	都市計画東京地方委員会、高架式の自動車専用道路新設計画の立案を発表（一一月）
一九三九（昭和一四）	四六歳	都市美協会理事に就任、機関誌『都市美』の編集を担当（六月） 都市計画東京地方委員会、紀元二六〇〇年記念事業として計画された東京市の宮城外苑整備事業に対して、宮城広場から自動車交通を緩和するため、宮城広場にトンネルを建設する案を提出（九月） 新宿西口駅前広場整備にあたって照明学会都市照明委員会内に特別小委員会設置、委員長に就任、照明計画を立案	東京緑地計画協議会、東京緑地計画大綱（環状緑地帯の整備）を内務大臣に報告（四月） 商工省、工業の地方分散に関する件（九月） 東京市、皇紀二六〇〇年記念事業として宮城外苑整備事業を考案

一九四〇 （昭和一五）	四七歳	第七回全国都市問題会議（東京）出席、報告（一〇月） 都市計画法改正で防空が都市計画の目的に加わり、防空計画の研究に着手する 防空的視点に立った東京のマスタープランである東京防空都市計画案大綱の取りまとめに尽力する（九月）	東京府、東京六大緑地が計画決定（三月） 内務省、「東京市防空都市計画大綱」発表（九月） 内務省、東京区部に空地地区第一次指定（九月） 国土計画設定要綱（九月） 都市計画東京地方委員会、「大東京地区計画」を発表（一〇月）
一九四一 （昭和一六）	四八歳	『日本国土計画論』を出版（三月）、その後終戦まで、国土計画に関する著作を数多く手がける 主著『都市計画及び国土計画 その構想と技術』を工業図書から出版（一〇月） 学術振興会の調査費を得て、埼玉県と栃木県での戸別訪問による生活圏実態調査実施（九～一〇月）	住宅営団法公布（三月） 内務省に防空局・国土局設置（九月） 防空法改正、建物疎開・工場分散（一一月）
一九四二 （昭和一七）	四九歳	興亜院嘱託、中断していた上海都市計画策定のため再度上海出張（七月） 第八回全国都市問題会議（神戸）出席、報告（一〇月）	企画院、大東亜国土計画大綱素案（三月） 東京府、防火保健道路四系統（幅三〇～九〇m）計画決定（四月）

		関東地方全体を対象とする関東地方計画策定に向けて中心的役割を果たす	
一九四三（昭和一八）	五〇歳	東京帝大第二工学部講師、国土計画及び都市計画の講座を担当（六月） 兼任東京都技師（七月） 東京都計画局道路課長就任、六号環状線等の実現を目指す（一〇月）	東京、大阪に防空空地帯（環状緑地と楔状緑地）（三月） 東京都制施行、東京府と東京市制の廃止（七月） 企画院、中央計画素案要綱案（一〇月） 東京都、「帝都重要地帯疎開計画」を発表（一一月） 都市疎開実施要綱（一二月）
一九四四（昭和一九）	五一歳	東京都計画局都市計画課長兼務（一〇月） 東京の復興計画の研究に着手、隣保地区計画を作成（一一月） 盛り場研究の集大成とも言える「都市生活圏論考―特に盛り場現象について」『皇国都市の建設』を刊行する。 戦後を想定した帝都復興改造要綱（案）の策定に尽力（～昭和二〇年）	東京、名古屋で防空法による初の建物疎開命令（一月） 内務省国土局、戦時国土計画素案（一月）
一九四五（昭和二〇）	五二歳	東京大空襲で実母里う死亡（八〇歳）	東京都計画局都市計画課、「帝都再建方策」発表、計画人口三〇〇万人、広幅員道路他（八月）

		東京新宿角筈一丁目で設立された復興協力会会長の鈴木喜兵衛から事業の相談を受け、その設計等の指導に当たり、歌舞伎町の誕生に協力する（一〇月） 早稲田大学理工学部で非常勤講師「都市計画」担当（～昭和二六年四月）	内務省、国土計画基本方針（九月） 東京新宿角筈一丁目で地主、借地人などが「復興協力金」を設立（一〇月） 戦災復興院設置（一一月） 戦災復興都市計画基本方針の閣議決定、過大都市の抑制ならびに地方中小都市の振興（一二月）
一九四六（昭和二一）	五三歳	都市計画東京地方委員会にて東京戦災復興計画の説明を行う（三月、四月、九月） 『新首都建設の構想』（四月）、『都市復興の原理と実際』（一〇月）、「帝都復興都市計画の報告と解説」（『新建築』、一九四七年一月）などで復興計画を大々的に報告する。 都市文化協会を設立（五月）	東京都、銀座、新宿、浅草、渋谷、品川、深川の盛り場地区の復興計画オープンコンペ実施、内田祥三グループが新宿、深川で一等（二月） 東京都、帝都復興計画概要案発表、東京四〇km圏及び関東地方の地方計画を前提とした東京都市計画案、計画人口三五〇万人に抑える理想都市計画（三月） 東京都、復興都市計画の街路計画、区画整理等の計画決定、戦災区域四八〇〇万坪とこれに関連する区域を含めた六一〇〇万坪を区画整理事業区域として計画決定（四月）

		目白文化協会を結成（一一月）	組合による復興区画整理の推進を閣議決定、東京で八組合認可（五月） 臨時建築制限令公布・施行、料理店、映画館、五〇㎡を超える住宅禁止（五月） 都市計画東京地方委員会、特別用途地区案として公館地区、文教地区、消費勧興地区、港湾地区の指定案を答申、指定は都告示（八月） 特別都市計画法公布、同施行令公布（九月） 東京都、復興都市計画の用途地域指定、区部周辺の環状緑地帯を予定した案に基づく指定（九月） 全国一一五都市を戦災復興都市に指定（一〇月）
一九四七（昭和二二）	五四歳	東京の交詢社にて日本計画士会の結成に理事長として参加（三月二九日） 東京都都市計画課内に広告審査室を設置（五月） 第一回東京都都市美審議委員会にて、美観街路制度を提案（九月） 石川の後援で、東京都屋外広告研究会設立（九月）	戦災復興院、建設法草案（一月） 臨時建築等制限規則公布・施行、建築物の築造が許可制、一二坪以上禁止（二月） 東京都三五区整理統合で二二区に（三月）、板橋区から練馬区が独立（八月） 国土計画審議会設置（三月）

		東京都都市計画課、映画『二十年後の東京』を制作	内務省、地方計画策定基本要綱（三月） カスリーン台風（九月） 東京都、戦災復興区画整理区域六一〇〇万坪のうち、三〇〇〇万坪につき特別都市計画区画整理事業を決定（一一月） 文教地区計画協議会（会長：南原東大総長）、建築学科をもつ都内各大学でそれぞれのキャンパスを含む文教地区構想の基本計画を作成する
一九四八（昭和二三）	五五歳	都市美技術家協会設立（五月） 東京都建設局長就任（六月） 児童書『私達の都市計画の話』を刊行、子どもへの都市計画教育の取り組みを加速 東京戦災復興区画整理事業第一地区（麻布十番）事業認可	建設院発足（一月） 都市復興会議開催（四月） 東京都、復興都市計画の緑地地域指定、防空空地帯を引き継ぐ二三区の外周一八〇一〇ha（七月） 自作農創設特別措置法により、東京の六大緑地内の農耕地七三一万坪（約六五％）が緑地の指定を解除される（七月） 建設院、建設省に昇格（七月） 都市不燃化促進同盟発足（一二月）

			東京都、戦災区域の焼け跡清掃事業により発生したがれきで、三十間堀川、四ッ谷見附の堀など二〇・八坪を埋め立てる
一九四九（昭和二四）	五六歳	工学博士（東京大学） 北九州五市合併に関する視察、講演、座談会を行う（八月一六〜一八日） 区画整理に反対するマーケットの営業者により、自宅に座り込まれる（一一月）	屋外広告物法案、閣議決定、美観・風紀の維持、公衆の危害防止（四月） 戦災復興都市計画の再検討に関する基本方針閣議決定（六月） 東京都、全露店組合（九四組合）に解散指示書を伝達（七月） GHQの露店整理令、公道上の露店整理を指令（八月） シャウプ税制勧告、地域計画は市町村事務（八月） 広島・長崎の特別都市建設法（八月） 東京都議会、首都建設法の制定を国会請願することを決議（一二月）
一九五〇（昭和二五）	五七歳	東京都建設局内に臨時露店対策部が設置され、その部長に就任する（二月） 新宿歌舞伎町を会場とした東京都文化産業博覧会を開催し、建築制限をすり抜け、将来映画館や劇場に転用可能な施設を建設する（四〜六月）	臨時建築制限規制の大幅緩和改正、住宅制限を解除し届出制とする（二月） 東京都、戦災復興計画の大幅縮小（三月）

			首都建設法公布（議員立法）（六月） 都市計画協会、都市計画法改正基本要綱案（六月）
一九五一（昭和二六）	五八歳	上田市で講演「上田と近郊の発展策について」を行う（八月一二日） 日本都市計画学会設立に尽力、初代副会長に就任（一〇月） 東京都参与、早稲田大学理工学部教授に転任（一一月）	首都建設委員会発足（三月） 東京八重洲口外堀埋立地に鉄鋼ビル完成（戦災復興のがれき整理埋立地）（七月） 日本都市計画学会設立、会長は内田祥三（一〇月） 東京都、露店の整理完了、都内七千軒（一二月）
一九五二（昭和二七）	五九歳	商業経営指導者幹部養成夏季学校にて講演「美観商店街の建設」を行う（八月六日） 第一四回全国都市問題会議（大阪）出席、報告（一一月） 東京商工会議所での商業診断員要請講習会で講演「商店街の整備について」を行う（一一月二七日） 都市巡回防火講演会で千葉、旭川、帯広、釧路、長野、福島、金沢、高岡、奈良、津、佐世保、久留米、川崎、浦和を訪れる。	耐火建築促進法公布・施行（五月） 東京、中央官衙地区整備計画（七月） 都市計画学会誌『都市計画』創刊（九月）

一九五三（昭和二八）	六〇歳	都市計画指導のため沖縄へ出張（秀島乾が随行）（二月） 都市巡回防火講演会で盛岡、八戸、豊橋、一宮、徳山、呉、熊本、清水を訪れる。この他、野田（四月一四日）、沼津（五月一五、一六日）、福山、（九月一一日）、尾道（九月一一、一二日）、三原（九月一三日）、長野（一一月二二日）を訪れている。 第七回全国都市計画協議会（横浜）出席、報告（一〇月）	東京、首都高速道路に関する計画（四月） 東京都周辺九区、特別都市計画法の緑地地域指定解除運動（五月） 首都建設委員会、衛星都市整備法要綱案（一二月）
一九五四（昭和二九）	六一歳	「名都の表情 条件と分類」『市政』において初めて体系的に名都論を披露する（一月） 都市巡回防火講演会で小倉、大牟田、福井、富山、石巻、秋田、宮崎、鹿児島、横須賀を訪れる。この他、郡山（二月八日）、長岡を訪れている。 第一六回全国都市問題会議（新潟）出席、報告（九月） ゆうもあ・くらぶ設立（一二月）	広島平和記念公園完成（四月）、長男允計画に参加 土地区画整理法公布、特別都市計画法廃止（五月）
一九五五（昭和三〇）	六二歳	都市巡回防火講演会で鳥取（四月一七日）、松山、和歌山、岸和田、釧路、北見、高山、金沢、七尾を訪れる。この他、四日市（一一月二九日）などを訪れている	土地区画整理法施行（四月）

東京五反田日野第一小学校での店主講演会で講演「伸びる商店街」を行う（七月二二日）

再度沖縄へ出張（八月）

日本損害保険協会講演のため岐阜・石川両県に出張中倒れる（九月一七日）

永眠、六二歳、正四位勲三等（九月二六日）

首都建設委員会、「首都圏整備の構想素案」発表、首都周辺五〇km圏域を内部市街地、近郊地帯（グリーンベルト）、周辺地帯に区分（六月）

石川栄耀　著作一覧

年	著作
一九三二（昭和五）	『都市動態の研究』刀江書院
一九四一（昭和一六）	『日本国土計画論』八元社 『防空日本の構成』天元社 『都市計画及国土計画　その構想と技術』産業図書
一九四二（昭和一七）	『戦争と都市（国防科学新書Ⅰ）』日本電報通信社 『国土計画：生活圏の設計（河出書房科学新書38）』河出書房 『国土計画の実際化』誠文堂新光社
一九四三（昭和一八）	『都市の生態』春秋社
	『国土計画と土木技術』常盤書房
一九四四（昭和一九）	『皇国都市の建設』常盤書房
	『国防と都市計画』山海堂
一九四六（昭和二一）	『新首都建設の構想』戦災復興本部
	『都市復興の原理と実際』光文堂
一九四八（昭和二三）	『私達の都市計画の話』兼六館
一九四九（昭和二四）	『都市計画と国土計画（社会科文庫）』三省堂
一九五一（昭和二六）	『都市美と広告』日本電報通信社
一九五三（昭和二八）	『都市（社会科全書）』岩崎書店
一九五四（昭和二九）	『新訂都市計画及び国土計画』産業図書
一九五六（昭和三一） （没後）	『世界首都ものがたり』筑摩書房 『余談亭らくがき』

「都市は人なり」——偉才石川栄耀のEthos《エトス》（知性）とPathos《パトス》（情念）

近現代日本の都市計画は石川栄耀《えいよう》（一八九三－一九五五）から始まる。石川栄耀以前にわが国には近代的かつ民主的な価値観を持つ実践的都市計画家は存在しなかった。それまで日本には近代的都市計画を構想し、実践し、国民に幸をもたらす才人はいなかったのである。石川の炸裂するような才能の台頭を待つしかなかった。彼は図らずも都市モダニズムの「原点」となった。

「社会に対する愛情、此《これ》を都市計画と言う」。こう高らかに宣言する石川の個性に私は強烈に惹《ひ》きつけられる。都市計画の先駆者《パイオニア》として戦前から戦後を駆け抜けた石川の卓越した個性や美意識にとりつかれ、主要な著作や論文を読破するのと平行して足跡確認の旅を続けて二年余りになる。私を魅了してやまない〈知の巨人〉のエトスとパトスとは一体何であろうか？　この解明こそが本書のねらいである（解明が出来たかどうかは私には断ずることはできない……）。

私は国内の関係地はもとより欧米各国を訪ね続けた。天童市（山形県）、さいたま市、盛岡市、名古屋市、東京各区、那覇市、栃木市、ロンドン、パリ、ローマ、アムステルダム、北欧三国の主要都市、コンコード（アメリカ）、レッチワース（イギリス）、ウェルウィン（同前）……。これら長く遠い「義務の旅」には相当の月日と経費を必要とした。石川の旅（中でも欧米への旅）が都市の生命力と景観美を探るものであったことを理解した。その代表格がイギリスを出発点とする「田園都市（Garden City）」であった。

石川は全国一五〇を超える地方自治体の都市計画に直接または助言者として携わった。今日の東京都心、名古屋市、那覇市、盛岡市、栃木市などは石川の構想が色濃く反映されている。中でも東京都心は戦時中から廃墟となった敗戦直後にかけてという都市計画家には最悪の条件下で構想の実現を図っていった。

彼は都市における盛り場、商店街、屋外広告の重要性も強調した。東京の歌舞伎町の名付け親であり、麻布十番の設計者であることはよく知られている。歴史・文学、古典落語、音楽、絵画、映画を終世愛し、公務多忙の中専門書も含め二〇冊の著作を残した。その文は常に端正で洗練されており、時に美意識に裏打ちされて詩的でさえある。品のいい知的ユーモアを愛したことも強調していいだろう（石川は学生時代夏目漱石の作品を耽読し登場人物の名前の大半を暗誦していたという）。

私は彼の著作や論文など資料を読破している際、〈ある言葉〉が脳裏に去来した。それは北海道大学元総長丹保《たんぼ》憲仁《のりひと》氏がその昔私に語った言葉である。

「（エンジニアとして）文系の頭脳を持った人間が理系の教育を受けたらもう『鬼に金棒』です」（拙書『〈評伝〉水と緑の交響詩、創成する精神、環境工学者・丹保憲仁』（鹿島出版会）参考）。丹保元総長は、「文系の頭脳」（想像力豊かな能力）を持った人間（知識人）が「理系の教育」（理論と実験を重視した教育）を受けたら傑出したエンジニアが誕生すると指摘している。我が石川栄耀こそがこの典型的な知識人ではないかと思えてならないのである。彼は永遠の「文学青年」であった。本書でもとり上げたが、具体例をひとつ挙げたい。

石川は名古屋時代に自らも創刊に携わった「都市創作」（第三巻第七号）に「都市と文学」を寄稿している（地理学者志賀重昂《しげたか》［一八六三‐一九二七］の名著『日本風景論』に比肩すると信じる）。

「〈都市を主題とせる文学〉

都市の低徊趣味的な味わい方に、旅と文学がある。旅は自分の様な忙しい体には無理な方法である。都市を主題とせる文学。そう云う名義で漁り始めてから二年・三年になるが、然し紀行や簡単な詩歌なら幾らでも目につくが、真面目な、血の出る様な、しかも『都市』の実体そのものに愛憎或いはそれを超えた眼を据えてかかった労作には中々ぶつからない。貧弱な自分の書棚から数えあげれば、（作品内容の紹介は削除）

・『罪の渦』ゾラ（仏）、・『制作』ゾラ（仏）、・『ベラミィ』モウパッサン（仏）、・『巴里』ゾラ（仏）、・『夜ひらく』ポール・モウラン（仏）、・『即興詩人』アンダーセン（通常はアンデルセン、デンマーク）、・『裸体の女』イバニュエス（スペイン）……（日本の文学作品も多数紹介しているが省略）。これ等の小説を読んで見て自分はここに次の四つの種類に分ける可きである事を知った。それは即ち、

イ、単に題名を都市にかりたもの

ロ、単に自然科学的に都市を描写せるもの

ハ、作者が真に都市を愛し、その快さや悩ましさを共に感じ描けるもの

ニ、田園人の都市への誘惑を描けるもの（中略）

（以下、随筆、紀行文、詩、歌、民謡さらには人文地理学などの学術書を紹介している）」

彼の多読ぶりと共に「文系の頭脳」を感じないだろうか。彼は多くの詩もつくっている。ここに彼のヒューマニズムの精神を見る。日本の土木技術者・都市計画家には類例を見ない（文学者による都市文学論では前田愛著『都市空間の中の文学』などがある）。

彼は都市計画界の「阿修羅」、消えることのない光を発する人である。だが先駆者の道は決して平坦ではなかった。未知の道を歩む彼の双肩には重圧が絶えずのしかかった。それゆえ、彼は長寿を全うすることができなかった。才能があるお陰で仕事が楽なのは凡才に限るのである。

本書は『月刊建設』（社団法人全日本建設技術協会）に八回にわたって連載した「天翔《あまがけ》るペガソスのごとく……、〈私説〉偉才・都市計画家・石川栄耀」を大幅に加筆・訂正したものである。同誌連載にあたって編集担当の小澤雄志氏らの御協力をいただいた。あらためて感謝したい。

感謝すべき方々や組織・団体は余りにも多く、一部を記すにとどめたい。

まず感謝すべき方々（肩書省略）では、石川允《まこと》氏・富美子様御夫妻、石川登代様（故石川中氏夫人）、杉浦恭子様、山下倫子様、桜井圭子様、渡辺玲子様、渡辺耕氏、飯山律子様、故桐野江節雄画伯、高橋裕氏、渡部與四郎氏、広瀬盛行氏、今野博氏、昌子住江様、今井妙美様、中川義英氏、三宅正夫氏、青山俊樹氏、松田芳夫氏、福田晴耕氏、砂道紀人氏、大塚哲夫氏、太田誠二氏、衣斐剛人氏（順不同）。失念した方がおられるかもしれない。お許し願いたい。

感謝すべき組織や団体では、社団法人全日本建設技術協会、財団法人名古屋都市センター、財団法人東京市政調査会、国立国会図書館、国土交通省東北地方整備局河川部、社団法人土木学会付属土木図書館、東京大学工学部社会基盤工学図書館、筑波大学付属図書館、早稲田大学理工学部、財団法人都市計画協会、独立行政法人水資源機構、中日新聞、東京都立中央図書館、愛知県立図書館、山形県立図書館、岩手県立図書館、栃木県立図書館、沖縄県立図書館、尾花沢市、天童市、那覇市、同市立図書館、盛岡市立図書館、電源開発株式会社、東京電力株式会社、ロンドン大学付属図書館、コンコード市（アメリカ）、レッチワース市（イギリス）、ウェルウィン市（同前）。

鹿島出版会出版事業部の橋口聖一氏には今回も拙書出版への御協力をいただいた。心から感謝したい。参考文献は膨大な量となるため割愛するが、都市計画学会「都市計画―特集石川栄耀生誕百年記念号」を活用させていただいた。

平成二二年（二〇一〇）四月、石川没後五五年にあたって

高崎哲郎

"Oh, wasn't that a wider river.
Oh, wasn't that a wider river, river on the Jordan, Lord,
Wide river, there's one more river to cross.
There's one more river to cross."
"Wider river."（「越えるべき川」、アメリカ黒人霊歌）

斧《おの》入れて　香におどろくや　冬木立　（蕪村）

著者紹介

高崎哲郎《たかさき・てつろう》

一九四八年栃木県生まれ。
NHK記者、帝京大学教授、東工大などの非常勤講師を歴任。
作家・土木史研究家。

主な著書

『評伝　技師・青山士の生涯』（講談社）
『沈深、牛の如し―慟哭の街から立ち上がった人々』（ダイヤモンド社）
『砂漠に川ながる―東京大渇水を救った五〇〇日』（ダイヤモンド社）
『洪水、天ニ漫《ミ》ツ―カスリーン台風の豪雨・関東平野をのみ込む』（講談社）
『評伝　工人・宮本武之輔の生涯―われ民衆と共にことを行わん』（ダイヤモンド社）
『鶴 高く鳴けり―土木界の改革者 菅原恒覧』（鹿島出版会）
『大地の鼓動を聞く―建設省50年の軌跡』（鹿島出版会）
『開削決水の道を講ぜん―幕末の治水家・船橋随庵』（鹿島出版会）
『山原の大地に刻まれた決意』（ダイヤモンド社）
『天、一切ヲ流ス―江戸期最大の寛保水害・西国大名による手伝い普請』
『荒野の回廊―江戸期・水の技術者の光と影』
『評伝　山に向かいて目を挙ぐ―工学博士・広井勇の生涯』
『評伝　お雇いアメリカ人青年教師―ウィリアム・ホィーラー』
『評伝　月光は大河に映えて―激動の昭和を生きた水の科学者・安藝皎一』
『湖水を拓く―日本のダム建設史』
『評伝　水と緑の交響詩～創成する精神～環境工学者・丹保憲仁』
『評伝　大鳥圭介―威ありて、猛からず』
『評伝　ゼロからの飛翔　環境の時代に挑む～〈水〉の企業家・長井政夫』
『評伝　技師 青山士　その精神の軌跡―万象ニ天意ヲ覚ル者ハ……』
『水の匠・水の司〝紀州流〟治水・利水の祖―井澤弥惣兵衛』
（いずれも鹿島出版会）

評伝 石川栄耀《えいよう》
〈社会に対する愛情、これを都市計画という〉

発行 二〇一〇年四月二〇日 第一刷

著者 高崎哲郎
発行者 鹿島光一
組版・装丁 高木達樹
印刷 創栄図書印刷
製本 牧製本
発行所 鹿島出版会
一〇四-〇〇二八 東京都中央区八重洲二-五-一四
電話 〇三(六二〇二)五二〇〇
振替 〇〇一六〇-二-一八〇八八三

ISBN978-4-306-09406-2 C0052 Printed in Japan

本書に関するご意見・ご感想は左記までお寄せください。
URL http://www.kajima-publishing.co.jp
E-mail info@kajima-publishing.co.jp

鹿島出版会

関連好評既刊本

都市計画家 石川栄耀

都市探究の軌跡

石川栄耀（一八九三―一九五五）は、名古屋都市計画の基礎を築き、東京の戦災復興計画および地方計画の実現に尽力したほか、日本都市計画学会の設立に深く関与した。その業績を偲び、同学会には「石川賞」が設置されている。また、盛り場・商店街の研究・育成にも力を尽くし、名古屋都市美研究会や商業都市美協会を設立し、照明学会等でも活躍した。戦後東京の商店街の復興にも努め、新宿歌舞伎町や麻布十番では広場を中心とした都市設計を実践した。「歌舞伎町」の命名者でもあった。著書も多数あり、代表作の『都市計画及び国土計画』は、都市計画の教科書として版を重ねた。晩年に出版した『私達の都市計画の話』は、日本の都市の将来を担う子供に語りかける内容であった。

序章　都市計画家・石川栄耀への眼差し
第1章　都市計画技師、区画整理の探求
第2章　商店街盛り場の都市美運動
第3章　東京、外地での都市計画の実践と学問
第4章　生活圏構想と地方計画・国土計画論
第5章　東京戦災復興計画の構想と実現した空間
第6章　都市計画家としての境地、そして未来への嘱望
石川栄耀　年譜／著作一覧／既往研究

A5判・四〇八頁　定価五、〇四〇円（本体四、八〇〇円）

〒104-0028 東京都中央区八重洲2-5-14 Tel.03-6202-5201 Fax.03-6202-5204
http://www.kajima-publishing.co.jp E-mail:info@kajima-publishing.co.jp

鹿島出版会

高崎哲郎の好評既刊本

評伝

技師 青山士

その精神の軌跡

万象《バンショウ》ニ天意ヲ覚《サト》ル者ハ……

戦前の土木界を代表する技術者のひとり青山士が熱帯雨林のパナマ運河開削工事に携わったこと、東京の荒川放水路・信濃川の大河津分水という戦前の国家プロジェクトを完遂させたことは、よく知られている。評伝では足跡を克明に描き、同時にクリスチャンであった青山の精神の軌跡に焦点を当てて新たな青山像を浮き彫りにしている。日本土木界に屹立する——青山士。内外資料を網羅した決定版！

四六判・三三六頁 定価二、五二〇円（本体二、四〇〇円）

〒104-0028 東京都中央区八重洲2-5-14 Tel.03-6202-5201 Fax.03-6202-5204
http://www.kajima-publishing.co.jp E-mail:info@kajima-publishing.co.jp

鹿島出版会

高崎哲郎の好評既刊本

評伝

大鳥圭介　威ありて猛からず

〈敗軍の将〉旧幕臣・大鳥圭介は、
近代日本の「工業教育の父」「高級外交官」として不死鳥のようによみがえった。
これまで重視されなかった大鳥のテクノクラート（高級技術官僚）の
側面にも光をあてた初の力作評伝。

第一章　旅立ちの朝——医家か、儒家か、それとも……
第二章　激震の予兆——医学を捨て、兵学を取る
第三章　激浪の沖へ——兵学者から幕臣そして幕府歩兵奉行へ
第四章　紅蓮の炎、あがる——仏式軍隊訓練、鳥羽・伏見の戦、幕府崩壊
第五章　常在戦場①——江戸脱出、総州・野州路を紅く染めて
第六章　常在戦場②——野州での血戦、戦雲は暁の空に広がり
第七章　常在戦場③——野州から会津へ、暗雲は北に流れて
第八章　常在戦場④——会津から蝦夷地へ、暗雲は急を告げて
第九章　常在戦場⑤——蝦夷地から牢獄へ、敗北の響きと怒り
第十章　敗軍の将の再生——皆一場の夢なり
第十一章　敗軍の将、太平洋を渡る——一生に国是二つ
第十二章　工作を開く道しるべとならん——百工ヲ勧ム
第十三章　一身にて二世を経る——外交官、日清戦争、そして男爵

四六判・三〇四頁　定価二、六二五円（本体二、五〇〇円＋税）

〒104-0028 東京都中央区八重洲2-5-14 Tel.03-6202-5201 Fax.03-6202-5204
http://www.kajima-publishing.co.jp　E-mail:info@kajima-publishing.co.jp